왜 게르만족은 서로마 제국을 멸망시켰을까?

17
역사공화국
세계사법정

교과서 속 역사 이야기, 법정에 서다

콘스탄티누스 vs 샤를마뉴

왜 게르만족은 서로마 제국을 멸망시켰을까?

글 최재호 · 그림 안희숙

|주|자음과모음

'모든 길은 로마로 통한다'는 말을 들어 보신 적이 있나요? 이 말을 통해 우리는 전성기 로마의 강대한 위상을 짐작할 수 있습니다. 로마는 그리스와 함께 서양 문화의 뿌리였습니다. 오늘날 서양 문명이 자랑하는 민주주의 정치 제도는 로마의 공화정에서 비롯되었고, 사회의 법 체계 또한 로마법에 뿌리를 두고 있습니다. 이렇듯 로마의 역사는 세계사의 든든한 기둥입니다. 하지만 영원히 무너질 것 같지 않던 로마도 결국 멸망하고 말았습니다. 로마를 멸망시킨 장본인은 과연 누구일까요?

그 장본인은 바로 게르만족입니다. 게르만족은 라인 강과 다뉴브 강의 경계에 살면서 로마와 경제 교역을 하였으며, 그중 일부는 로마의 관리나 용병이 되었습니다. 그들은 4세기 후반 중앙아시아로부터 온 훈족의 침입으로 인해 로마 영토로 이동하게 되었지요. 이를 '게르만족의 대이동'이라고 합니다. 게르만족의 이동으로 라틴족의 로마 제국이 몰락하고 게르만족의 왕국이 성립되었던 것이지요.

왜 게르만족은 서로마 제국을 멸망시켰을까?

이후 역사의 무대가 그리스·로마로 대변되는 지중해권에서 북서유럽으로 확대되면서 유럽 세계가 형성되었지요.

이러한 변화를 상징하는 인물이 샤를마뉴 대제입니다. 그는 거대한 유럽 제국의 황제였고, 유럽에서 최초의 문화 전성기를 만들어 냄으로써 본격적인 유럽 대륙 시대의 토대를 닦은 인물입니다.

그러나 로마 제국의 중흥을 이끈 콘스탄티누스 대제는 샤를마뉴 대제의 이같은 업적을 전면적으로 부정합니다. 게르만족은 로마에 빌붙은 민족에 불과하며, 로마의 찬탈자일 뿐이라는 것이지요. 나아가 그들이 이룩해 놓은 정치·경제·사회·문화적 업적을 로마와 비교하는 것조차 거부합니다.

콘스탄티누스 대제의 주장은 과연 옳은 것일까요? 로마 제국이 몰락하고 게르만족의 왕국이 성립된 것은 과연 역사의 후퇴였을까요? 농업 중심의 중세 세계가 출현함으로써 도시와 상업 중심의 고대 세계는 막을 내리고 만 것일까요? 과연 중세는 암흑기(Dark Age)였을까요?

콘스탄티누스 대제는 샤를마뉴 대제에 대하여 허위 사실 유포와 명예훼손으로 인한 손해배상을 청구합니다. 과연 샤를마뉴 대제의 서로마 제국 황제권은 정당했을까요? 콘스탄티누스 대제는 자신의 명예를 회복할 수 있을까요? 앞으로의 재판을 지켜보며, 독자 여러분도 나름대로 판단해 보시기 바랍니다.

최재호

차례

북부 유럽에 살고 있던 게르만족은 인구가 점점 늘어나면서 농사지을 땅을 찾아 남쪽으로 내려오기 시작했다. 특히 4세기 말경 훈족이 압박해 오자, 게르만족이 로마 제국으로 대규모 이동을 한다. 이후 200여 년 동안 게르만족은 로마 영토 안에 여러 나라를 세웠고, 그 과정에서 서로마 제국은 멸망하고 만다.

중학교	역사	VIII. 지역세계의 형성과 발전 4. 중세 유럽 세계의 형성과 발전 (1) 봉건제가 성장한 중세 서유럽 세계

게르만족이 세운 여러 나라 가운데, 프랑크 왕국은 8세기 후반인 카롤루스 대제 때 전성기를 맞이한다. 카롤루스 대제는 샤를마뉴, 카알 대제라고도 불린다. 크리스트교 보급에 힘쓰고, 학교를 세워 학자를 우대하는 등 서유럽 문화 형성에 큰 역할을 하였다.

4세기 말부터 게르만족이 국경을 넘어와 서로마 제국에 정착하여 여러 나라를 세웠다. 476년 서로마 제국은 게르만족 출신에 의해 멸망하고 만다. 서로마 제국에 나라를 세운 프랑크 왕국의 왕 클로비스는 로마 가톨릭을 받아들였다. 프랑크 왕국은 카롤루스 대제 때 전성기를 누렸다.

고등학교	세계사	III. 지역 문화의 발전과 종교의 확산
		  2. 중세 유럽의 형성
		    (1) 게르만족의 이동과 프랑크 왕국

카롤루스 대제는 왕국의 영토를 넓혔으며 로마 교회의 보호자로서 큰 역할을 했다. 또한 카롤루스는 수도원이 문예의 중심지로 발전하도록 힘썼다. 이것을 '카롤링거 르네상스'라고 부른다. 카롤루스가 죽은 뒤 프랑크 왕국은 분열되었고 동프랑크, 서프랑크, 중프랑크로 갈라졌다.

372년	고구려, 태학 설립
375년	백제, 고흥 서기 편찬
503년	신라 지증왕, 국호를 계림에서 신라로 고침
512년	신라 이사부, 우산국(울릉도) 점거
527년	신라 이차돈 순교, 불교 공인
632년	고구려, 천리장성 축성
660년	백제 멸망
668년	고구려 멸망
676년	통일 신라 성립
698년	고구려 유민 대조영, 발해 건국
751년	신라 불국사 창건, 석굴암 건립
900년	견훤, 후백제 건국
901년	궁예, 후고구려 건국
918년	왕건, 고려 건국
935년	통일 신라 멸망

원고 **콘스탄티누스 1세(274년~337년, 재위기간 : 306년 ~337년)**

나는 로마 제국의 황제 콘스탄티누스요. 나는 위대한 로마 제국을 해체의 위기에서 구출하였소. 그렇기 때문에 나에게는 '대제(the Great Emperor)'라는 수식어가 늘 따라다니지요. 황제의 자리에 오른 뒤에 크리스트교 공인과 콘스탄티노플 천도라는 두 가지 조치로 쓰러져 가는 제국을 다시 세우고자 했소.

원고 측 변호사 **김딴지**

안녕! 딴죽 걸기의 명수 김딴지 변호사야. 나는 사람들에게 알려진 역사가 모두 진실이라 생각하지 않아. 역사 속 패자들의 입장도 살펴볼 필요가 있다고 생각하지. 이번 재판에서는 콘스탄티누스 황제를 도와 로마의 정통성을 주장하고 입증할 계획이야.

원고 측 증인 클로비스

나는 메로빙거 왕조의 시조요. 다른 게르만족보다 프랑크 왕국을 강하게 키웠소. 그런데 신하인 궁재 카롤루스 마르텔이 정권을 좌우하더니, 그의 아들 피핀이 왕위를 빼앗고 말았지. 고양이에게 생선을 맡긴 꼴이 되어 버렸어.

원고 측 증인 유스티니아누스

나는 진정한 로마 제국의 계승자라오. 로마 제국의 영토를 대부분 되찾았으며, 『로마법 대전』을 편찬하고 성 소피아 성당을 건립했지요. 나는 샤를마뉴가 로마 제국의 황제라는 것을 인정할 수 없소.

피고 **샤를마뉴(742년~814년, 재위기간 : 768년~814년)**

나는 위대한 로마 제국의 계승자인 샤를마뉴요. 로마 제국의 위용을 다시 세운 사람이라 할 수 있다오. 혼란에 빠진 유럽은 나로 인해 구원받아 안정을 되찾았소. 나는 정치적 안정을 토대로 게르만 문화와 로마 문화, 크리스트교가 융합된 중세 서유럽 문화를 형성하였지요.

피고 측 변호사 **이대로**

나는 역사공화국의 이름난 변호사 이대로라고 해. 기존의 역사적 평가는 다 이유가 있다는 확신을 가지고 있으며, 역사적 진실은 쉽게 변하는 것이 아니라고 생각하지. 샤를마뉴 황제가 서유럽 문화를 형성한 사실을 받아들이지 못하고, 로마의 정통성만 운운하는 원고 측의 억지 주장을 정면으로 반박해 보이겠어.

피고 측 증인 아우구스티누스

나는 히포의 주교로, 고대 시기 최고의 크리스트교 신학자로 일컬어지오. 여러분은 아마도 내 이름을 한 번씩 들어 보았을 것이오. 당시 로마의 멸망은 신의 징벌이었소. 나는 로마인이 회개할 것을 주장했지만, 로마인은 귀담아듣지 않았지. 나는 『신국』과 『고백록』을 저술하여 후세에 큰 영향을 끼쳤다오.

피고 측 증인 오도아케르

나는 게르만족으로, 로마의 용병 대장이었소. 서로마의 마지막 황제 로물루스 아우구스툴루스를 황제 자리에서 물러나게 한 사람이 바로 나요. 그 후 지지자들이 나를 왕으로 옹립하였소. 또한 동로마 제국의 황제 제노에게 임명받은 총독으로서 이탈리아를 통치하기로 합의했지.

판사 명판결

여러분, 안녕하세요. 나는 역사공화국 세계사법정의 재판장인 명판결이라고 해요. 이름에 걸맞게 편견이나 선입견 없이, 제시된 증언과 근거 자료들을 가지고 공정한 판결을 내리겠습니다.

"로마 황제 간의 대결이 벌어진다고?"

    역사공화국에는 패자의 마을이 있다. 이곳은 이승에서 패배한 영혼들이 모여 사는 곳이다. 이곳에 사는 영혼들은 늘 수심에 가득차 있다. 마을에는 깊은 한숨 소리와 분개하고 흐느끼는 소리가 끊이지 않는다.

    바로 그 옆에는 역사공화국 영웅의 마을이 있다. 이곳은 이승에서 성공한 영혼들이 모여 사는 곳이다. 이곳에는 늘 웃는 소리가 들린다. 거리에는 항상 행진곡과 왈츠가 울려 퍼지고, 길을 오가는 영혼들은 어깨를 쭉 펴고 의기양양하게 걷는다.

    오늘 패자의 마을에서는 여느 때처럼 패자들이 모여서 저마다의 하소연을 늘어놓고 있었다. 그런데 저편에서 누군가의 고함 소리가 들려왔다.

"이보시오, 나는 로마 제국의 황제 콘스탄티누스요."

영웅의 마을에 사는 콘스탄티누스 황제가 패자의 마을로 건너오자, 패자의 마을에 사는 영혼들이 깜짝 놀랐다.

"당신은 영웅이잖소? 여기 패자의 마을에 얼씬도 하지 마시오! 지금 누굴 약 올리는 거요?"

"아니오. 그런 게 아니오. 제발 내 하소연 좀 들어주시오. 원통한 마음을 억누를 길이 없구료. 이제야 패배한 영혼들의 억울한 마음을 알겠소."

그제야 콘스탄티누스의 곁에 영혼들이 하나둘 모여들었다.

"그럼 한번 억울한 이야기를 해 보시오."

"잘 들어 보시오. 내가 어제 로마 황제들의 모임에 갔는데, 게르만족인 샤를마뉴라는 작자가 으스대며 자기야말로 서로마 제국의 계승자이자 '유럽의 아버지'라고 하더군. 그래서 나는 나야말로 정통 로마 제국의 황제이며, 너 같은 후배를 둔 적이 없다고 했소. 그러자 그는 '썩어 빠진 로마 제국의 유산들을 잘 보존하여 후세에 전해 주었더니 고맙단 말은커녕 왜 비난을 퍼붓는 것이오!'라며 나를 다그치는 것이었소. 그런 다음 미안하다는 말도 없이 유유히 자리를 빠져나가더군."

"저런 버르장머리 없는 녀석을 보았나!"

"그러게, 한참이나 어린 것이 예의 없게 말이야."

패자의 마을 사람들은 콘스탄티누스를 동정하기 시작했다.

"아, 그래서 뒤에다 대고 이렇게 말했지. 게르만족이 '로마'라는 이름을 허락 없이 사용한 것은 명백한 도둑질이니, 곧 역사공화국 세계사법정에 고소할 거라고 말이오. 그러자 그는 대뜸 이렇게 말하더군. '마음대로 하시오. 당신뿐만 아니라 수많은 로마 제국의 황제 영감들이 로마의 정통성을 두고 어찌나 내게 시비를 걸어 대는지, 지긋지긋하오. 이번에야말로 담판을 지어 봅시다'라고 말이오."

이야기를 끝낸 후에도, 콘스탄티누스는 끝없이 중얼거리며 넋두리를 해댔다. 패자의 마을 사람들은 이야기를 다 듣고 나자 좀 김이 빠졌다. 어떻게 이야기하든지 결국은 영웅인 황제들끼리의 싸움이었던 것이다.

"잘난 영혼들끼리 그만 싸우시고, 세계사법정에서 판가름 내도록 하시지요."

"샤를마뉴가 로마라는 이름을 허락 없이 사용했다면, 요즘 식으로 지적재산권 침해를 덧붙이는 것이 좋겠구려."

패자의 마을에 사는 영혼들은 이렇게 한 마디씩 던지고는 하나둘 집으로 돌아갔다. 이 말에 힘을 얻은 듯, 콘스탄티누스는 자신감 있는 표정을 지었다. 거리에는 분노에 찬 콘스탄티누스의 외침이 크게 울려 퍼졌다.

"샤를마뉴, 건방진 녀석! 너 오늘 임자 제대로 만난 거야! 내가 본때를 보여 주마!"

왜 게르만족은 서로마 제국을 멸망시켰을까?

카롤루스, 서로마 제국의 황제가 되다!

프랑크 왕국의 최고 궁정직인 궁재에 있던 피핀은 로마 교회의 지지를 받아 프랑크 왕국의 왕이 됩니다. 왕이 된 피핀은 이탈리아 반도에서 교황을 괴롭히던 롬바르드 왕국과 싸우고 교황에게 땅을 바치기도 하였지요. 이후 피핀이 세상을 떠나자 그의 아들이 왕이 되었는데, 그가 바로 카롤루스 대제입니다.

카롤루스 대제는 로마 교황청을 공격하는 롬바르드 군대와 싸워 항복을 받아내지요. 이로서 롬바르드 왕국은 774년 완전히 멸망을 하고 말아요. 이후 카롤루스 대제는 프랑크 왕국의 북쪽에 있던 작센 부족과도 오랜 전쟁을 벌이고, 이슬람 세력과도 싸웁니다. 프랑크 왕국은 이러한 전쟁을 통해 점점 더 영토가 넓어졌지요.

당시 로마의 교황이었던 레오 3세는 콘스탄티노플 교회의 세력에 눌려 있었고 이를 만회하고 싶어 했어요. 그래서 서로마 제국을 부활시키기로 결심하고 카롤루스 대제에게 힘을 실어 주기로 결심합니다. 결국 800년 가을, 카롤루스 대제는 성 베드로 대성당에서 서로마 제국의 황제로서의 대관식을 치르게 되지요. 이 일은 서로마 제국의 부활이라는 의미뿐만 아니라, 게르만 민족으로서 최초로 카롤루스 대제가 서로마 제국의 황제가 되었다는 의미도 가집니다. 고대로부터 계속되어 온 그리스 로마 문화와 크리스트교 문화에 더불어 게르만 민족의 문화가 합쳐져 새로운 문화가 만들어지는 발판이 만들어진 것이에요.

라파엘로의 〈샤를마뉴 대관식〉

| 원고 | 콘스탄티누스 | 대리인 | 김딴지 변호사 |
| 피고 | 샤를마뉴 | 대리인 | 이대로 변호사 |

청구 내용

로마는 동맹 시 정책을 통해 세력을 계속 확대하며 발전했습니다. 게르만족도 그 세력 중 하나였지요. 수많은 종족과 융합하려 했던 동화 정책 덕분에 로마는 천 년간이나 지속되었습니다.

아시다시피, 제국은 만드는 것보다 유지하는 것이 더 힘든 일입니다. 사람들이 전쟁에 끌려가지 않고 자기 생활을 누리며 사는 것, 이것이 가장 중요한 것이지요. 그리하여 로마는 넓어진 국경을 지키는 일에 게르만족을 용병으로 고용했습니다. 그러나 로마의 정치·경제·사회·문화는 게르만족의 반란과 약탈로 혼란에 빠졌습니다. 이로 인해 로마는 성장은커녕 쇠퇴하게 되었습니다. 그 후 급기야는 게르만족의 배은망덕한 행위로 인해 천 년을 지켜 온 로마가 망하게 되었지요. 여러 역사서에는 게르만족이 로마 문화를 계승하여 중세 문화를 꽃피웠다고 적혀 있지만, 그것은 결코 수긍할 수 없는 주장입니다.

게르만족과 프랑크 왕국은 로마 문화를 파괴한 주범입니다. 중세 시절 그리스·로마의 고전 문화가 단절된 것은 순전히 게르만족의 침입 때문입니다. 정통 로마는 그때 게르만족에 의해 이미 죽었습니다. 비록 게르만족이 '로마'라는 이름을 달고 겉모습을 유지했다고 하지만,

어디 그것이 진정한 로마 문화라 할 수 있겠습니까? 오죽하면 중세 천 년을 암흑 시기라고 하겠습니까?

현대의 서양 문명 계승자들이 서유럽인이라 그런지, 게르만족이 한 일을 정당화하고 있습니다. 그러나 이는 명백한 왜곡입니다. 나는 이 번 소송을 통해서 어떠한 이익도 취할 생각이 없습니다. 다만 게르만 족의 침입으로 인한 로마 멸망의 억울함 및 샤를마뉴의 서로마 제국 계승권의 부당성을 알림으로써, 진실과 정의를 세우고 로마 제국의 명 예를 회복하고 싶을 뿐입니다.

입증 자료

- 중학교 역사 교과서
- 고등학교 세계사 교과서
  그 외 자료 추후 제출하겠음.

위 청구인 콘스탄티누스
역사공화국 세계사법정 귀중

로마는 어떻게 약해졌을까?

1 몰락하는 로마 제국

　"샤를마뉴 대제가 고소를 당했대!"

　"뭐라고? 대체 누가 '유럽의 아버지'로 불리는 위대한 분을 고소했대?"

　"그게, 같은 로마 제국의 황제인 콘스탄티누스야."

　"뭐? 로마 제국의 황제끼리? 이해가 안 가는데? 이유가 뭐래?"

　"글쎄, 근데 진짜 딴죽 걸기 같단 말이야. 콘스탄티누스는 샤를마뉴가 진정한 로마 제국의 계승자가 아니라는 거야. 다시 말해 '로마 제국'을 도용했다는 거지."

　"근데 샤를마뉴 대제는 로마 제국이 쇠락해진 후 혼란에 빠진 유럽을 안정시킨 분 아니야? 그분이 로마 제국의 진정한 계승자 같은데?"

　초유의 로마 황제 간 대결로 인해, 법정 안은 벌써부터 소란스러웠다.

"자자! 조용히 하세요! 판사님이 입정하십니다."

순간 법정은 조용해졌고, 검은 법복을 입은 판사가 걸어 나와 사람들이 가장 잘 내려다보이는 의자에 앉았다. 재판정을 휙 둘러보던 판사는 원고 콘스탄티누스와 피고 샤를마뉴를 번갈아 바라본 후 서류를 뒤적였다.

판사 원고 측 변호인, 이번 사건은 무슨 내용입니까?

김딴지 변호사 네, 판사님. 사건의 주요 내용을 말씀드리겠습니다. ▶서기 800년 크리스마스에 교황 레오 3세가 프랑크 왕 샤를마뉴에게 서로마 제국 황제의 관을 씌워 주었습니다. 이를 두고 지금까지의 역사가들은 서유럽 세계의 성립을 상징한다며 그 의의를 높이 평가해 왔습니다. 게르만족의 이동 때문에 혼란에 빠져 있던 유럽에 새로운 질서를 부여하는 중대한 의미를 지닌 사건이라는 것이지요.

그러나 원고 콘스탄티누스는 그러한 관점에 동의할 수 없었습니다. 그리하여 피고 샤를마뉴의 서로마 황제 대관에 대해 그것은 로마 제국의 부흥과 아무 관련이 없으며, 단지 게르만족이 로마의 명의를 도용한 것이라는 사실을 밝히기 위해 소송을 걸게 되었습니다. 아울러 침입자였던 게르만족과 그 일파인 프랑크족이 졸지에 유럽의 새 주인공으로 인정받게 된 잘못된 역사를 바로잡겠다는 취지에

샤를마뉴
'샤를마뉴'는 프랑스어 표기입니다. 라틴어로는 '카롤루스', 독일어로는 '카를', 영어로는 '찰스'라고 하지요. 이 책에서는 '샤를마뉴'로 표기하겠습니다.

게르만족
고대 유럽의 게르만계 민족들을 모두 일컫는 말입니다. 게르만족은 로마와 인접해 있었기 때문에 로마의 보호를 받기도 했지요. 또한 일부는 로마의 용병으로 차출되거나 물자 교역을 함으로써 로마와 연관된 활동을 하기도 했습니다.

프랑크족
프랑크족은 게르만족의 일파로 5세기에 서로마 제국을 대체할 왕국을 세웠으며, 이후 8세기 후반에 이르러서는 현대의 서유럽 전역을 지배했습니다. 중세 시기 동안 이들은 유럽에 기독교를 전파하는 데 큰 역할을 하기도 했습니다. 프랑크족이 세운 카롤링거 왕조와 그 후손들은 오늘날 유럽 근대 국가의 원형을 세웠지요. 프랑스의 기원이 바로 프랑크족이랍니다.

교과서에는

▶ 카롤루스 대제는 800년에 외적의 괴롭힘을 받던 교황 레오 3세를 도와준 일로 황제의 자리에 올라, 크리스마스에 서로마 제국의 황제로 대관식을 가졌습니다.

서로마 황제 대관

서 이번 고소가 이루어졌습니다.

판사   네, 잘 알겠습니다. 그럼 세부적으로 원고 측의 주장을 들어

볼까요?

김딴지 변호사   첫째로, 샤를마뉴가 로마 제국의 구원자이자 로마

의 정통성을 계승한 자라는 주장은 거짓입니다. 그리고 둘

째, 샤를마뉴가 말하는 로마 제국은 로마 전통과는 무관

한 야만적인 게르만족이 자기네끼리 갖다 붙인 이름일 뿐

이며, 셋째, ▶'카롤링거 르네상스'라는 것도 전성기 로마에

비교해 볼 때 턱없이 하찮은 수준의 문화인 것입니다. 그

것은 로마를 모방하여 조잡하게 만들어 낸 문화일 뿐이며

로마의 전통을 심하게 훼손하는 것임을 주장하는 바입니

다. 따라서 샤를마뉴의 서로마 제국 계승권은 무효라고 생

각하는 것이지요.

교과서에는

▶ 샤를마뉴 대제는 학문과 교육을 진흥시켜 수도원 학교를 건립했고, 수도 엑스라샤펠에 왕립 학교를 건설하여 유럽 여러 지역의 학자들을 교사로 초빙했습니다. 영국 출신의 학자 앨퀸이 그 학교의 책임자로서 고전 자료를 편찬하고 해석하여 학문 연구를 발전시켰지요. 이를 흔히 카롤링거 르네상스라고 부른답니다.

김딴지 변호사가 샤를마뉴를 고소한 이유에 대해 설명하자, 재판 정은 순식간에 술렁거렸다. 사람들은 콘스탄티누스가 억지를 부리고 있다며 비난했다.

"로마 제국은 로마인만이 계승해야 하는 건가? 자기애에 빠진 사람 같으니라고!"

"그러게 말이야! 완전 혈통주의에 빠진 사람 아니야? 지금이 어느 시대인데 말이야. 샤를마뉴 덕택에 그나마 유럽이 안정되어 로마 문화가 보존될 수 있었는데, 고마워할 줄도 모르는 배은망덕한 사람이구먼!"

판사   자, 조용히 해 주십시오. 그럼 이제 본격적으로 재판을 시작해 봅시다. 먼저 원고의 발언을 들어 보도록 하지요.

콘스탄티누스   나는 위대한 로마 제국의 황제이자 이번 재판의 원고로, 저기 앉아 있는 샤를마뉴를 고소한 사람이오. 나는 ▶밀라노 칙령으로 크리스트교를 공인하여 제국을 안정시킨 바 있소. 또한 방어가 불가능해진 로마를 버리고 비잔티움으로 수도를 옮겨 콘스탄티노플을 세우는 등 로마 제국을 중흥시킨 장본인이오.

교과서에는

"흥! 잘난 로마인이라 이거지?"

"무슨 소리야! 콘스탄티누스 황제는 크리스트교의 수호자라고!"

방청석에서는 찬사와 야유가 함께 뒤섞여 나왔다. 콘스

▶ 크리스트교는 황제 숭배를 거부했다는 이유로 탄압을 받았지만, 4세기초 콘스탄티누스 대제 때 밀라노 칙령을 통해 공식 종교로 승인받았습니다

탄티누스는 그런 소리에 아랑곳하지 않고 황제의 위엄을 보이며 당당하게 말을 이어 갔다.

콘스탄티누스　내가 죽은 후, 보잘것없는 야만족에게 로마 제국이 멸망당하다니 원통하기가 그지없소. 게다가 그들은 로마를 약탈하는 것도 모자라 수백 년간이나 로마를 방치했소. 로마 곳곳이 수풀로 우거지고 승냥이의 울음소리만 메아리치게 되었던 것이오. 찬란한 로마의 유산과 전통이 그동안 다 어디로 갔겠소? 그렇게 300년도 더 넘게 로마의 유산을 유린해 놓고, 갑자기 저 샤를마뉴란 자가 위대한 로마 제국의 계승자를 자칭하다니요. 이런 뻔뻔스러운 일이 어디 있단 말이오!

콘스탄티누스가 위엄 있는 목소리로 당당하게 발언하자, 방청석의 웅성거림이 전보다는 줄어들었다. 그제야 비로소 법정은 엄숙한 분위기를 띠기 시작했다.

판사　　그럼 먼저 오늘 사건의 무대가 되는 로마 제국에 대해 알아보겠습니다. 원고는 로마 제국에 대해 설명해 주시기 바랍니다.

콘스탄티누스　　우리 로마는 일반적으로 천 년의 제국이라고 불리지만, 실제로는 2천2백 년의 역사를 가졌소. 위대한 시조 로물루스가 도시 로마의 한 언덕에서 기원전 753년에 건국한 이래 번영을 거듭했다오. 북쪽으로는 오늘날의 영국인 브리타니아에서, 남쪽으로는 아프리카 북부, 서쪽으로는 서아시아까지가 우리의 영토였소. 그런 와중에 476년 게르만족인 오도아케르에 의해 서로마 제국이 멸망당했다오. 동로마 제국은 이후 1천 년을 더 지속하다가 1453년에 오스만 튀르크에 의해 멸망당했소.

판사　　그런데 역사가들은 왜 로마를 천 년의 제국이라고 부르는 것이죠?

콘스탄티누스　　그건 역사가들이 동로마 제국의 존재를 인정하지

콘스탄티노플

않기 때문이오. 아마 서유럽의 역사가들이 그런 우를 범했을 것이
오. 사실 로마의 수도가 330년에 콘스탄티노플로 옮겨진 후에는 로
마 제국의 전통이 그곳으로 옮겨 갔소. 동로마가 망할 때까지 동로
마인은 자신들이 로마인이고, 자신들의 제국이 로마 제국이라는 사
실을 의심하지 않았소.

판사   그렇군요. 그럼 로마 제국은 어떻게 그토록 오랜 기간 존속
할 수 있었나요?

콘스탄티누스   그 이유는 로마가 무력만이 아닌 특유의 포용력으
로 정복한 지역의 문화를 융합했기 때문이오. 그리하여 로마 제국의
어디를 가도 사람들은 서로 구별하거나 차별하지 않았소. 그들은 제
국 내의 모든 사람이 하나의 세계 속에서 살고 있다는 인식을 가지
고 있었던 것이오. 이렇게 로마가 이룩한 보편의 이념이 중세까지

이어졌고, 그것은 오늘날까지 '유럽'이라는 명칭으로 계속 이어지고 있소.

대제
황제를 높여 부르는 말입니다.
한자로는 '大帝', 영어로는 'the Great Emperor'라고 하지요.

이런 점에서 서양 사람들은 모두 로마 제국의 후예라고 말할 수 있는 것이라오. 그러나 로마 제국의 정통성을 물려받았다고 생각하는 서유럽인이 800년 샤를마뉴가 세운 서로마 제국을 자신들의 기원으로 생각하는 것은 난센스 중의 난센스요. 왜냐하면 서로마 제국은 정통 로마가 아니기 때문이오! 가짜 로마는 물러가라! 위대한 정통 로마여 영원하라!

이대로 변호사 이보세요, 원고! 여기가 무슨 선거 유세장인 줄 아세요? 신성한 법정에서 왜 소리를 지르는 겁니까? 그리고 지금이 세계사 수업 시간입니까? 원고의 발언 내용은 세계사 수업 시간에 다 배우는 내용이잖아요?

이대로 변호사의 발언에 무안해진 콘스탄티누스는 헛기침을 하며 자리에 앉았다. 그러자 김딴지 변호사가 재빨리 일어나서 말을 이었다.

김딴지 변호사 이봐요, 이대로 변호사. 말씀이 심하시군요! 원고 콘스탄티누스는 멸망의 길로 치닫고 있던 로마 제국을 재건한 훌륭한 인물입니다. 그래서 '대제'라는 수식어를 붙이는 것 아닙니까? 로마 제국의 황제에게 최소한의 예의를 갖추시지요.

김딴지 변호사는 이대로 변호사를 쳐다보며 또박또박 말했다. 그러자 김딴지 변호사의 말을 듣고 있던 방청객들이 수군거리며 말했다.

"그러네, 정말! 다른 황제들은 그냥 황제라고 불리잖아. 콘스탄티누스 대제는 뭔가 특별한 일을 한 것임에 틀림없어."

이대로 변호사　흠흠. 알겠습니다. 그럼 다시 원고에게 질문하도록 하겠습니다. '로마는 하루아침에 이루어지지 않았다'라는 말이 있지요. 그렇다면 반대로 '로마는 하루아침에 망하지 않았다'라고 말할 수도 있겠지요? 원고 콘스탄티누스가 그토록 자랑하는 천 년의 제국 로마는 대체 왜 쇠퇴했던 것입니까?

콘스탄티누스　로마 제국은 8백여 년에 걸쳐 지속적으로 정복 전쟁을 벌여 광대한 제국을 건설하였소. 그러나 2세기경 로마는 제국의 경계선을 확정하고 더 이상 제국을 넓히지 않았다오. 서쪽으로는 라인 강과 다뉴브 강, 동쪽으로는 유프라테스 강, 남쪽으로는 거대한 사하라 사막이 자연적으로 제국의 경계가 되었소. 그러나 전쟁이 전적으로 사라질 수는 없었소. 영토 팽창을 위한 전쟁은 끝났으나 그 대신 이제 야만족의 침입으로부터 제국을 지켜내야 했던 것이오. 아시다시피 제국의 바깥에는 원시적인 야만족들이 득실거렸거든요.

이대로 변호사　로마 제국이 군사 전략을 공격에서 방어로 바꾸었단 말입니까?

콘스탄티누스　그렇소.

이대로 변호사　그러한 변화에는 어떤 계기가 있었나요?

콘스탄티누스   로마의 평화는 2세기 말부터 무너지기 시작했소. 180년에 위대한 철인(哲人) 황제이자 『명상록』의 저자인 마르쿠스 아우렐리우스 황제가 죽은 뒤, 제국은 서서히 기울어 갔소. 제정 초기부터 이민족이 계속 침입하여 군사 비용이 늘어났고, 이로 인해 군대의 발언권이 커지면서 문제가 생겨났다오. 군대를 이끈 장군들이 스스로 황제 자리에 올랐던 것이지. ▶로마 말기 50년간 26명이나 되는 군인 황제가 출현할 정도로 당시 로마의 혼란은 심각했다오. 역사가들은 이 시기를 '병영 황제 시대' 또는 '군인 황제 시대'라고 부르더군. 이 시기를 틈타 줄곧 저 야만족인 프랑크족이 제국을 침략하곤 했소.

이대로 변호사   재판장님, 이의 있습니다. 원고는 계속 야만족이라는 표현을 쓰며 피고의 인격을 모독하고 있습니다.

판사   네, 받아들입니다. 원고, 감정적인 말은 삼가 주세요. 다시 본론으로 돌아옵시다. 그렇다면 그러한 혼란스러운 군인 황제 시대를 대체 누가 끝냈습니까?

콘스탄티누스   284년에 황제로 등극한 ▶▶디오클레티아누스 황제가 엄격한 전제 정치를 통해 무정부 상태를 극복했소. 그는 누메리아누스 황제의 친위대장이었는데, 누메리아누스가 암살당하자 군대의 지지를 얻어 황제로 등극하였소. 이후 암살자를 처형하고 신속하게 체제를 정비하였다오. 이로써 군인 황제 시대의 혼란은 같은 군인 황제

제정
로마 후기의 군주 정치 체제를 말합니다. 즉, 군주가 나라를 다스리는 것이지요. 기원전 27년에 아우구스투스가 실질적으로 제정을 시작한 후부터, 3세기 말부터는 디오클레티아누스가 전제 군주정을 펼쳤습니다. 이후 476년에 서로마 제국이 멸망할 때까지를 제정 시기라 부르지요.

교과서에는

▶ 5현제 시대의 전성기가 끝나면서 군인 출신 황제가 등장했습니다. 이 시기에 속주에서는 반란이 빈발했으며, 변방의 이민족이 침범하여 도시와 상공업이 피폐해지고 중산층 시민이 몰락했지요.

▶▶ 3세기 말 디오클레티아누스 황제는 오리엔트식의 전제 군주제를 채택하여 제국의 중흥을 꾀했으나 성과를 거두지 못했습니다.

막시미아누스
디오클레티아누스 황제의 전우(戰友)였습니다. 286년 황제의 지위를 부여받고 서로마 지역을 지배했습니다.

원로원
원로원은 고대 로마 귀족들의 회의 기구입니다. 지식과 지혜, 책임감, 경험이 모두 출중하다고 인정받은 사람만이 로마의 원로원에 들어갈 수 있었습니다. 그러나 제정이 시작되어 황제가 나타난 이후에는 공화정 때의 막강한 권력을 상실하였지요.

의 손으로 막을 내리게 되었소.

이대로 변호사 그같은 혼란을 단숨에 극복했단 말인가요? 어떻게요?

콘스탄티누스 디오클레티아누스 황제가 즉위한 이래 로마는 안정을 되찾았소. 먼저 그는 제국을 크게 동서로 구분하였다오. 왜냐하면 제국이 너무 넓어 외적을 효율적으로 방어하기 어려웠기 때문이오. 이러한 문제점을 해결하고자, 자신이 상대적으로 안정된 동로마 지역을 맡기로 했소. 이에 제국의 중심도 로마에서 터키 지방의 니코메디아로 이동하게 되었다오. 한편 상대적으로 불안전한 서로마 지역은 **막시미아누스** 장군에게 맡기면서 자신과 똑같이 황제(Augustus)의 지위를 부여하였고, 이어 동서 로마를 다시 두 지역으로 나누어 두 황제의 계승자인 부황제(Caesar)들에게 맡겼소.

이대로 변호사 그렇다면 결국 로마가 네 군데로 나뉜 것이군요. 그런데 부황제는 그렇다쳐도, 황제의 권력이 둘로 갈라지면 **원로원**의 힘이 상대적으로 커지는 것 아닙니까?

콘스탄티누스 그렇긴 하지만, 귀족을 대표하는 원로원은 제국의 안위보다는 자신들의 권리를 지키는 데에만 혈안이 되어 있었다오. 그랬기 때문에 디오클레티아누스 황제가 강력한 전제 정치를 실시하여 원로원의 힘을 약화시켰지요.

이대로 변호사 그런데 아무리 그렇다고 해도, 공화정의 역사를 지닌 로마가 하루아침에 제정을 받아들이는 것은 어려운 일 아니었습

니까?

콘스탄티누스   그렇소. 그래서 옥타비아누스 이래 황제들은 비공식적으로 프린켑스(제1시민)란 호칭을 사용함으로써 자신들이 시민에 의해 선출된 지도자임을 은근히 내비쳤다오.

이대로 변호사   당시 디오클레티아누스 황제는 페르시아의 의례를 도입했다고 하는데요. 맞습니까?

콘스탄티누스   맞소. 페르시아의 의례를 받아들인 디오클레티아누스는 자신을 '신의 화신', '주님' 등으로 부르도록 했고, 궁중 예식에는 황제의 보라색 옷 가장자리에 경배의 표시로 입을 맞추도록 했지.

이대로 변호사   그렇다면 그러한 통치에 대한 반발은 없었습니까?

콘스탄티누스   물론 있었소. 하지만 그보다 더욱 심각한 문제는 산업을 국가 소유로 바꾸고 관료를 증가시키면서, 시민의 자유가 제한되었고 나라 재정이 부족해졌던 것이오. 또한 만약 카리스마 없는 황제가 들어서서 중심이 흔들릴 경우 걷잡을 수 없는 혼란을 낳을 수 있다는 문제점도 있었다오.

이대로 변호사   판사님, 원고의 발언을 기억해 주십시오. 당시 로마는 이러한 문제를 해결하고자 301년에 물가 안정을 시도하였지만 실패했으며, 이에 책임을 지고 디오클레티아누스 황제가 자리에서 물러나게 되었습니다. 강력한 일인독재는 혼란을 거듭해 온 로마 제국에 안정을 가져왔지만, 수명을 약간 연장시키는 응급 처방에 불과한 것이었습니다. 즉 로마는 이미 스스로 망해 가고 있었던 것입니다.

로마와 관련된 말

● 로마는 세계를 세 번 통일했다

이 말은 독일의 법학자 예링이 『로마법의 정신』 서두에 쓴 말입니다. 로마
는 처음에는 무력으로, 두 번째는 크리스트교로, 세 번째는 로마법으로 세계
를 통일했다는 것이죠. 로마인은 문화적으로는 그리스인의 아류였다고 일컬
어져 왔지만 실용적인 면에서는 재능이 뛰어나 도로, 수도 등 건축 분야에서
두드러진 업적을 남겼습니다. 이는 곳곳의 신전, 극장을 통해 확인할 수 있으
며, 특히 콜로세움은 대표적 유적입니다. 로마는 그리스 정신이 남긴 업적을
후세에 전해 주었지요. 또한 그중에서 가장 특별하고 고유한 것이 로마법입니
다. 로마법은 세분화된 판결과 정의에 대한 공정한 감각 때문에, 후일 유럽 법
률 문화의 근간이 되었습니다.

● 모든 길은 로마로 통한다(All roads to Rome)

이 말은 프랑스의 시인 라 폰테느의 시집에 나오는 말입니다. 로마 제국은
수도 로마를 기점으로 군사적으로 사용할 수 있는 도로를 지배 지역의 작은
마을에까지 만들었지요. 그 후 유럽 각지에서는 이 도로를 보수하고 유지하여
근세에 이르기까지 국도로 사용해 왔습니다. 그러므로 유럽에서는 문자 그대

로 모든 길이 로마로 통하고 있었는데, 그것은 문화적인 의미도 있습니다.

독일의 사학자 랑케는 다음과 같은 유명한 말을 남겼지요. "모든 고대의 역사는 호수로 흘러 들어가는 강물처럼 로마의 역사 속으로 흘러 들어갔으며, 또 모든 근대의 역사는 로마의 역사로부터 다시 흘러나왔다." 이 말은 문화사에도 적용되는바, 고대 문화는 일단 로마에 집중되고 그로부터 서유럽으로 확산되었습니다. 그렇기 때문에 유럽 문화의 대부분은 로마에서 출발했다 해도 과언이 아닙니다.

왜 게르만족은 서로마 제국을 멸망시켰을까?

콘스탄티누스는 로마의 쇠퇴를 어떻게 막으려 했을까?

판사 피고 측 변호인의 변론을 잘 들었습니다. 이번에는 원고 측 변호인에게 기회를 드리겠습니다. 김딴지 변호사, 변론해 주시죠.

김딴지 변호사 감사합니다, 판사님. 그럼 원고 콘스탄티누스에게 묻 겠습니다. 원고는 그렇게 쇠락해 가는 로마를 어떻게 재건하였나요?

콘스탄티누스 디오클레티아누스 황제는 군사·경제·행정 개혁의 큰 틀을 그대로 유지하면서 작은 것들을 수정하였소. 이 때문에 로 마 제국은 150년간 더 지속될 수 있었다오.

김딴지 변호사 그랬군요. 그런데 크리스트교를 핍박했던 디오클 레티아누스 황제와는 달리 원고는 크리스트교를 받아들이고 공인하 였습니다. 그 이유가 구체적으로 무엇이지요?

콘스탄티누스 로마 제국 안에서 크리스트교는 유대교의 한 분파로 받아들여졌소. 그러나 2세기 이후 로마는 모든 사람들에게 로마의 옛 신에 대한 숭배를 의무화하고, 이를 지키지 않는 자들을 범죄자와 같이 다루었다오. 이 과정에서 크리스트교와 유대교는 여러 차례 탄압을 받았소. 그런데 이상하게도 크리스트교의 세력이 말살되기는커녕 점점 커지는 것이었소. 더 이상 박해만으로 해결할 수 없는 문제였던 것이오. 그래서 나는 정치적 안정을 이룩하기 위해 크리스트교에 대한 박해를 중단하는 밀라노 칙령을 발표했다오. 그리고 이러한 결정에는 나의 개인적인 경험이 작용하기도 하였소.

김딴지 변호사   개인적인 경험이라니요? 그것은 어떤 경험이었습니까?

콘스탄티누스   신앙은 지극히 개인적인 것이라 할 수 있소. 나는 황제의 자리를 놓고 막센티우스와 치열한 전쟁을 벌이던 중에 신앙 체험을 하였소. 당시 나는 돌아가신 아버지를 **브리타니아**에 묻고, 갈리아를 통과하여 로마로 향하고 있었다오. 하루는 꿈을 꾸었는데, 꿈속에서 하늘 높이 휘황찬란한 십자가가 걸려 있었소. 그리고 "이 표지 아래에서 너는 승리하리라"는 천사의 음성을 들었던 것이오.

김딴지 변호사   크리스트교에 관한 꿈을 꾼 것이로군요.

콘스탄티누스   그렇소. 꿈을 꾼 다음 날 나는 천사가 말해준 대로 병사들의 깃발과 방패에 십자가를 그려 넣은 후 전투를 벌였고, 정말로 승리를 거두었지. 그리하여 로마에 도착한 후 밀라노로 가서, 크리스트교 신앙의 자유를 선포하는 밀라노 칙령을 내렸던 것이오.

이 표지 아래에서 너는 승리하리라.

흥미롭게도 이 조치는 황제 계승을 놓고 벌어진 내란의 성격을 바꾸어 놓았다오. 즉 로마의 전통 종교와 크리스트교 사이의 전쟁으로 변한 것이었소. 그러자 교회는 전쟁에 참여하도록 크리스트교 신자들을 독려하였으며, 이로 인해 전쟁은 크리스트교의 성전(聖戰)이 되었소.

김딴지 변호사 그랬군요. 역사가들은 크리스트교를 공인하여 세계적인 종교로 도약시킨 원고의 노력을 높이 평가하더군요. 크리스트교 공인이 단지 정치적인 영향에 그친 것이 아니라 크리스트교의

성전
종교적 이념에 의하여 벌어지는 전쟁을 말합니다.

일리리아 속주
발칸 반도의 북부 지역입니다.
오늘날의 유고슬라비아와 그 주
변을 말하지요.

신조와 제도 형성에 큰 영향을 끼쳤다고 말이에요. 그런데 원고는 그 후 나라의 수도를 옮기는 큰일을 단행했는데요. 그 의도는 무엇이었나요?

콘스탄티누스 나는 크리스트교 공인 후 새로운 수도를 물색하였다오. 원로원과 다신교 신전이라는 옛 질서가 그대로 남아 있는 로마는 새 제국의 수도로서 적합하지 않았기 때문이오. 그러나 그리스의 도시인 비잔티움은 물자가 풍부한 소아시아 및 **일리리아 속주**와 가깝고, 중요한 국경선인 다뉴브 강과도 가까웠소. 게다가 보스포러스 해협 입구에 위치해 있어 유럽과 아시아 대륙을 연결하는 관문으로서도 금상첨화였다오. 말하자면 새로운 수도가 되기에 아주 적합한 곳이었던 것이오.

그리하여 내가 황제 자리에 오른 지 25년이 되는 해인 330년 5월 11일에 이 도시를 콘스탄티누스의 폴리스, 즉 콘스탄티노플이라 명명하였소. 콘스탄티노플로 새 수도를 정함으로써 비잔티움 제국의 기틀을 훌륭하게 놓았고, 이후 비잔티움 제국은 천 년간 더 존속하면서 유럽과 서아시아에 큰 영향을 끼쳤소. 로마의 역사를 지속시킨 것만으로도 나는 역사의 한 획을 그었다고 자부하오.

이대로 변호사 이의 있습니다, 판사님. 지금 원고는 자기 자랑만 늘어 놓고 있습니다. 마치 로마의 모든 영광이 자신의 것인 양 말하고 있군요.

판사 기각합니다. 사실에 대한 진술과 의견이었다고 생각합니다. 오히려 피고 측 변호사가 원고의 발언을 너무 감정적으로 받아들이는 듯하네요. 피고 측 변호인에게 다시 한 번 원고를 신문할 수 있는 기회를 드리겠습니다.

이대로 변호사   예, 알겠습니다. 원고는 디오클레티아누스 황제가 전제 정치를 추구하면서 페르시아의 의식을 받아들여 로마의 전통을 훼손했다고 말했습니다. 그런데 원고 본인이야말로 전제 정치의 모본 아니었습니까? 원고가 통치할 때 가장 중요하게 생각한 것이 무엇이었습니까?

콘스탄티누스   황제권을 강화하는 것이 최우선적인 목표였소.

이대로 변호사   그렇죠. 그것은 디오클레티아누스 황제도 똑같이 생각하던 것입니다. 그렇다면 원고 콘스탄티누스도 로마의 전통을 훼손한 것 아니겠습니까?

김딴지 변호사   이의 있습니다, 판사님. 지금 피고 측 변호인은 말도 안 되는 궤변을 늘어 놓고 있습니다!

이대로 변호사   이것은 궤변이 아닙니다! 황제권이 강화되면 로마의 전통적인 가치들이 황제의 취향에 따라 쉽게 사라지기 때문입니다. 이를테면 원고는 크리스트교를 공인했습니다. 이러한 행동은 로마의 전통적인 신앙을 훼손한 게 아니고 무엇이란 말입니까?

콘스탄티누스   훼손이라니요! 내가 말하지 않았소? 크리스트교 신앙 덕분에 전쟁에서 승리하여 로마의 역사를 지속시킬 수 있었다고 말이오!

이대로 변호사   참내, 귀에 걸면 귀걸이, 코에 걸면 코걸이인가요? 자기 편한 대로만 갖다 붙이시는군요.

콘스탄티누스　　앞서도 꿈 이야기를 했잖소. 쑥스럽지만 여기에 하나 덧붙여야겠소. 또 한 번의 체험이 있었다오. 밀라노 칙령 이후에도 동방 지역을 지배한 리키니우스가 다시 이교로 돌아가 크리스트교를 박해했소. 나는 이를 그냥 두고만 볼 수 없었지. 그래서 나는 십자가가 그려진 승리의 깃발을 걸고 리키니우스와 싸워 그를 격파한 후 제국을 통일했소. 나는 십자가를 걸고 싸운 두 번의 승리 이후 진정한 크리스트교 신자가 되었소.

이대로 변호사　　그렇습니까? 훌륭한 신앙 간증 잘 들었습니다. 그런데 기록에 의하면 원고는 310년경부터 태양신을 숭배하는 이교에 귀의했다고 되어 있습니다. 이건 어떻게 된 일입니까?

콘스탄티누스　　그건…… 로마의 전통이 이교에 관대했기 때문이오.

이대로 변호사　　이해할 수가 없군요. 그렇다면 왜 크리스트교를 공인한 것입니까?

콘스탄티누스　　내 말을 잘 들어 보시오. 크리스트교를 공인한 것은 나의 현실 감각이 탁월했기 때문이오. 단순히 십자가를 내건 전쟁에서 승리했기 때문이 아니라 크리스트교의 현실적 능력과 가능성을 인정했기 때문이었소. 당시 크리스트교는 심한 박해에도 불구하고 꾸준히 신도가 늘어나 로마 인구의 10~20%를 차지했소. 나는 이런 상황에서 더 이상의 사회 분열을 막기 위해서라도 크리스트교를 공인할 수밖에 없었단 말이오. 말하자면 나는 교회의 탄탄한 조직력을 통치에 활용하고자 했던 것이오.

이대로 변호사　　네, 알겠습니다. 결론적으로 원고는 전제 군주제를

이용해 혼란을 수습하려 했던 것이군요. 그러나 제국을 나누어 별도로 통치하는 체제는 오히려 동·서 로마의 분열을 초래했습니다. 게다가 중앙 집권화 때문에 늘어난 관료 및 군사 기구는 그나마 취약한 로마의 사회·경제 구조를 더욱 짓눌렀지요. 이에 따라 무리한 세금을 강제로 거두게 되었고, 이는 로마 내부의 혼란을 가속화시켰습니다. 결국 로마 멸망의 책임은 로마 황제에게 있는 것 아닙니까?

콘스탄티누스   그것은 억지 주장이오!

이대로 변호사   이것뿐만이 아닙니다! 디오클레티아누스 황제와 달리 원고에게는 더 큰 책임이 있습니다. ▶원고는 크리스트교에 특권을 주었습니다. 즉 그들에게 교회와 토지, 재산을 준 것입니다. 그것은 당시 시민에게 상당한 경제적 부담을 가중시켰습니다. 게다가 관리에 준하는 대우를 받는 교회 성직자들의 집단이 비대해지면서 문제가 더 심각해졌습니다. 주교를 신하로 등용하고, 주교에게 분쟁을 관할하는 재판권도 수여하였지요.

또한 콘스탄티노플을 제국의 수도로 삼으면서 로마의 성 베드로 성당, 콘스탄티노플의 하기아 소피아 성당 등 수많은 성당 건립을 지시함으로써 역시 재정 부담을 가중시켰습니다. 크리스트교도가 많아야 전체 인구의 5분의 1을 차지했는데, 나머지 5분의 4는 어떤 대우를 받았을지 생각해 보셨나요?

콘스탄티누스   허허. 황제의 넓은 마음을 당신이 어떻게 다 알겠소?

이대로 변호사   원고의 말대로라면 로마 제국은 더 번영

했어야 합니다. 그런데 왜 로마가 망했을까요? 판사님, 이번에는 종교적인 관점에서 로마 몰락의 원인을 밝히고자 합니다. 이에 관한 증인으로 아우구스티누스를 신청합니다.

판사   받아들입니다. 증인 아우구스티누스는 나와서 선서하세요.

아우구스티누스가 법정으로 천천히 걸어나오자, 사람들이 웅성거리기 시작했다.

"저분이 정말 교부 철학의 아버지라고 불리는 아우구스티누스 맞아?"

"이렇게 실제로 보다니, 꿈만 같아."

"정말 대단한 사람들이 법정에 나오는구나."

아우구스티누스   선서, 나는 진실만을 말할 것을 맹세합니다.

이대로 변호사   증인, 자기소개를 부탁드립니다.

아우구스티누스   나는 교부 철학의 아버지라 불리는 아우구스티누스라고 하오.

이대로 변호사   증인께서 저술한 책을 말씀해 주십시오.

아우구스티누스   젊은 날 방탕한 내 삶을 반성하고 쓴『고백록』과 ▶『신국(神國)』이 있소. 후대에 큰 영향을 끼쳤다니 자랑스럽구료.

이대로 변호사   『신국』이라는 책의 요지는 무엇입니까?

아우구스티누스   로마는 도덕적으로 타락했소. 신앙은 내

교과서에는

▶ 아우구스티누스는 『신국』에서 세속의 정부보다 교회가 우월하다는 주장을 체계적으로 제시하여, 크리스트교의 기본적인 교리를 마련했습니다.

면적 변화와 함께 삶의 변화를 수반하오. 그런데 로마인은 교회에 나가기만 할 뿐, 정작 자신들의 삶은 눈곱만큼도 변화시키지 않았소. 나는 로마가 약탈을 당하던 시대에 북아프리카 히포의 주교로 있으면서 신이 벌을 내릴 것이라고 계속하여 설파하였소. 그리고 회개를 촉구했소. 그래야 신의 진노를 피할 수 있다고 말이오. 요컨대 지상의 나라가 아닌 신의 나라를 위해서 살자고 주장했던 것이오. 이것이 『신국』을 통해 내가 말하고자 했던 바요.

이대로 변호사　　맞습니다. 당시 로마는 도덕적으로 타락했고, 국가를 유지할 능력을 잃어버렸습니다. 그렇지 않습니까?

아우구스티누스　　당시 로마인은 로마가 종교적인 전통을 포기했기 때문에 멸망했다고 생각했소. 로마는 전통적으로 다신교 사회였으며, 신에 대한 존경과 감사를 표현하는 제사를 올리면 그 대가로 신들이 그들을 지켜주고 돌보아 줄 것으로 믿고 있었소. 즉 전통적인 제사들을 철저히 지키면, 제국의 안정이 회복되고 과거의 영광이 재현될 것이라 기대했던 것이오.

　　그러나 크리스트교도는 전통적인 제사를 거부하고 신과 황제 숭배 또한 거부했기 때문에, 신의 분노를 유발하는 범죄자 취급을 받았던 것이오. 결론적으로 로마인은 크리스트교를 공인하고 국교로 삼은 것이 로마 멸망의 가장 큰 원인이라고 생각하게 되었소. 그러나 그러한 생각은 말도 안 되는 것이었소. 로마 멸망의 원인은 다른 데에 있지 않고, 오직 타락한 로마인에게 있을 뿐이오.

이대로 변호사　　그렇습니까? 알겠습니다. 그럼 마지막으로 콘스탄

티누스에 대해 평가해 주시겠습니까?

아우구스티누스　크리스트교를 공인한 것은 그의 공적이오. 하지만 그것이 로마 사회를 근본적으로 바꾸지는 못했소. 로마는 도덕적이지도 않았고, 약자를 돌보는 사회도 아니었소. 이런 면에서 콘스탄티누스의 정책은 절반의 성공이라 할 수밖에 없소.

이대로 변호사　존경하는 판사님 그리고 배심원 여러분, 증인의 진술을 토대로 생각해 볼 때, 로마 멸망의 원인이 로마 황제와 로마인에 있다는 것은 명백한 것입니다. 원고 콘스탄티누스가 로마 제국

재건에 중추였다는 역사적 평가가 과연 정당한지 의문이 듭니다. 이상입니다.

판사　네, 수고하셨습니다. 증인은 내려가셔도 좋습니다. 이번 재판에서는 로마 제국의 쇠락을 막으려는 콘스탄티누스 황제의 노력과 그 한계에 대해 살펴보았습니다. 이번 1차 재판은 치열한 법정 공방이 계속되면서 일면 감정적인 분위기로 흐르기도 했지만, 배심원단이 공정한 판단을 하는 데 있어서 도움이 될 만한 유익한 정보가 제공되었던 시간이었습니다. 그럼 이로써 1차 재판을 마치겠습니다. 원고, 피고와 양측 변호인, 증인 모두 수고하셨습니다.

　땅, 땅, 땅!

왜 게르만족은 서로마 제국을 멸망시켰을까?

크리스트교의 등장과 승리

예수에 의해 성립된 크리스트교는 베드로와 바울에 의해서 널리 전파되었습니다. 크리스트교는 로마 제국의 박해를 받았지만 예수가 죽은 뒤 200여 년간 꾸준히 성장하였지요.

로마 제국이 혼란에 빠진 3세기에 이르러 크리스트교의 세력은 본격적으로 성장했습니다. 신흥 종교로서의 역동성, 믿는 자의 영원한 행복과 믿지 않는 자의 '지옥에서의 고통'이라는 내세관, 낮은 자들에게 구원을 약속하고 여성에게도 예배를 허용한 점 등은 크리스트교가 전파될 수 있었던 주요한 원인이었습니다.

또한 크리스트교의 공동체 조직 역시 크리스트교의 교세 확장에 기여했습니다. 크리스트교는 신앙 생활을 지도할 사제들의 계서 조직을 마련함과 동시에, 신자들 간에 긴밀한 유대 관계를 가진 공동체를 형성하였지요. 사람들은 온 세상이 무너지는 듯이 보였던 시기에 이 공동체 안에서 인간적 유대감을 맛볼 수 있었던 것입니다.

여기에 제국의 정신적 통일을 만들어 내려던 콘스탄티누스에 의한 공인, 그리고 그 이후의 공식적 지원이 있게 되자 크리스트교도의 숫자는 국가의 지원 아래 압도적 다수가 되었고, 대부분의 이교는 소멸되었습니다.

중세 철학과 신학
— 아우구스티누스

중세 초기의 학문은 교부 철학(教父哲學)이 중심이었고, 후기에는 스콜라 (Schola) 철학이 중심이었습니다. 초기의 중세 철학은 '신학의 시녀'란 말이 있듯이, 당시에는 철학과 신학을 따로 떨어진 것이라고 생각하지 않았습니다. 철학은 신학 체계에 동화되어 있었지요. 교부(教父)라 함은 초대 크리스트교 의 지도자를 지칭하는데, 신국론, 고백론, 삼위일체론을 저술한 아우구스티누 스가 그 대표적 인물입니다.

아우구스티누스는 인간이 원래 자유의지를 갖고 있으나 아담이 죄를 범한 때부터 원죄를 얻었다고 했습니다. 그렇기 때문에 그 죄는 신(神) 즉 크리스트 에 귀의(歸依)함으로써 구제된다고 하는 것이지요. 그리하여 교회 밖의 구원 은 없다는 중세 철학의 원칙을 확립하였습니다.

또한 그는 인간이 신에게 절대적으로 복종해야 하며, 교회는 지상에 있는 것 중에서 하느님의 구원을 받을 수 있는 유일한 것이라고 설파했습니다. 그 리고 역사란 하느님의 나라와 지상의 나라가 대립하는 역사이며, 지상의 나라 는 하느님의 나라를 실현하기 위한 하나의 수단에 지나지 않는다고 주장했습 니다. 이로써 그는 교회가 세속보다 우월하다는 교의와 권위를 확립하였지요.

다알지 기자

안녕하세요, 여러분! 역사공화국 법정 뉴스
의 다알지 기자입니다. 오늘 세계사법정에서는
샤를마뉴의 서로마 제국 계승이 부당하다며 소송을
제기한 콘스탄티누스와 이에 반론을 제기하는 샤를마뉴 간의 재판이
열렸습니다. 피고 샤를마뉴 측은 로마 제국이 쇠락한 원인이 로마 황
제와 로마인에게 있었다고 주장했으며, 원고 콘스탄티누스 측은 콘스
탄티누스야말로 로마 제국을 되살렸던 영웅이라고 주장했습니다. 첫
번째 재판부터 열기가 뜨거웠는데요. 양측 변호인을 만나 자세한 내용
을 들어 보도록 하겠습니다.

김딴지 변호사

　　오늘 재판에서는 몰락하는 로마 제국을 되살리기 위해 분투했던 콘스탄티누스의 모습을 볼 수 있었습니다. 콘스탄티누스는 제국을 중흥시키기 위한 특단의 조치로 크리스트교를 공인하고 콘스탄티노플로 수도를 옮겼습니다. 그 결과 동로마 제국을 천 년간이나 더 지속시켰지요. 이러한 점을 보아 콘스탄티누스의 업적은 독보적이라 할 수 있겠지요. 그래서 '대제'란 칭호가 붙여진 것 아니겠습니까?

이대로 변호사

　콘스탄티누스가 크리스트교 공인과 콘스탄
티노플 천도를 업적으로 내세우는 것은 인정합니다.
그것은 긍정적인 효과를 많이 일으켰지요. 그러나 그 정책이 로마 제
국의 구조적 문제를 해결하기에는 역부족이었습니다. 게다가 그는 로
마를 혼자 지탱하겠다는 생각을 가지고 있었는데요. 저는 이것이 큰
문제라고 생각합니다. 그러니까 이번 소송 또한 샤를마뉴가 서로마 황
제라는 칭호를 받았다는 사실에 시기심이 나서 제기한 것 같군요.

게르만족은
어떻게 서로마 제국을
멸망시켰을까?

1. 게르만족은 왜 이동했을까?
2. 서로마 제국은 왜 게르만족에 의해 멸망당했을까?

게르만족은
왜 이동했을까?

"지난 재판의 증인으로 나온 아우구스티누스는 역시 멋있더라."

"그럼! 교부 철학의 아버지이신데!"

"그나저나 로마는 왜 망하게 된거야?"

"글쎄, 나도 몰라. 오늘 자세한 얘기가 나오겠지!"

둘째 날 재판이 열리는 법정에는 지난 재판 때보다 훨씬 많은 사람들이 몰려들었다.

"일동, 기립! 판사님께서 입정하십니다."

순간, 법정 안은 조용해졌고, 검은 법복을 입은 판사가 판사석에 앉았다.

판사   지금부터 2차 재판을 시작하겠습니다. 피고 측 변호인, 오늘 다룰 내용을 말씀해 주세요.

이대로 변호사   네, 오늘 다룰 내용은 게르만족의 실상을 정확히 파악하고, 그들이 로마 제국과 어떤 관계에 있었는지 살펴보는 것입니다. 게르만족과 로마가 어떤 관계였는지를 알면, 게르만족이 과연 로마 제국의 멸망에 어느 정도 관련되었는지를 알 수 있으리라 생각합니다. 그래서 오늘은 그 문제를 중심으로 변론을 진행하고자 합니다.

판사   알겠습니다. 자, 그럼 원고와 피고 변호사 가운데 누가 먼저 시작하는 것이 좋을까요? 아무래도 이대로 변호사가 먼저 게르만족 전반에 대해 설명하는 것이 좋겠지요? 이대로 변호사, 시작해 주세요.

이대로 변호사   ▶당시 게르만족은 인구가 증가하자, 그때까지 이용하고 있던 토지만으로는 부족함을 느끼게 되었습니다. 당시의 낙후된 기술로는 좋은 성과를 거둘 수 없었기 때문에, 새로운 토지를 찾아 이주하는 수밖에 없었지요. 이러한 상황에서 로마 제국의 좋은 기후와 기름진 토양은 커다란 유혹이 아닐 수 없었습니다.

김딴지 변호사   존경하는 판사님 그리고 배심원 여러분, 이 점을 주목해 주십시오. 로마는 그런 상황의 게르만족에게 은혜를 베풀었던 것입니다. 그런데도 그들은 배은망덕하게 로마를 공격했지요.

이대로 변호사   게르만족이 로마를 약탈했다는 주장은 억지 주장일 뿐입니다. 로마 제정 말기가 되었을 때 경제는 파탄 지경에 이르렀고 인구는 계속 감소했지요. 그리하여 국경을 방어하는 군사력도 약화되고, 식량을 자급자족

콜로나투스
로마 제정 후기에 부자유한 농민
들인 콜로누스를 이용하여 대농
장을 경영하는 체제를 말합니다.

할 수 있는 힘도 잃게 되었습니다. 그래서 로마는 게르만족을 국경 지역의 용병으로 채용하기도 하고, **콜로나투스**의 부자유 소작인으로 삼았지요. 말하자면 게르만족은 군인이나 농민으로서 로마를 부양했던 셈이지요.

김딴지 변호사   재판장님, 이의 있습니다. 이대로 변호사는 지금 한 부분만 가지고 이야기하고 있습니다. 게르만족의 이동이 마치 평화롭게 이루어진 것처럼요. 이는 사실과 전혀 다릅니다. 그들은 약탈자입니다. 무수한 사례가 이를 증명합니다.

이대로 변호사 　 그렇지 않습니다. 게르만족은 결코 약탈자가 아니었습니다. 게르만족은 집단적으로 로마 영내에 들어와 정착하기도 했는데, 그 결과 로마 제국의 게르만화가 촉진되었던 것입니다. 심지어 3~4세기쯤에는 한갓 병사로서가 아니라, 장군과 정치가로서 로마의 국정을 쥐락펴락하는 게르만인도 있었습니다. 훗날 서로마 제국을 멸망시킨 오도아케르는 이러한 게르만인의 대표적 사례이지요. 그러니 이것을 가지고 약탈을 논하는 것은 비약입니다.

판사 　 종합해 보면 게르만족과 로마는 이미 백 년 이상이나 서로를 필요로 하면서 공생 관계를 유지해 왔네요.

이대로 변호사 　 네, 그렇습니다. 그런데 이 상황에서 큰 변수가 생겼습니다. 그것은 바로 상상할 수 없을 정도로 잔혹한 훈족의 침공입니다. 훈족은 몽골 계통의 유목 민족으로 용맹하고 대담하며 무자비했습니다. 그들은 중국과의 전쟁에서 패배하자, 서쪽으로 이동하여 러시아 초원 지대를 횡단하였습니다. 그들은 생김새부터 생활양식, 전쟁 방식 모두가 게르만인이나 로마인과 달랐기 때문에 무섭게 보였지요.

그들은 어디서도 본 적 없는 탁월한 기병 전술, 신속한 전투 능력으로 게르만과 로마를 삽시간에 제압했습니다. 훈족은 4~5세기에 로마 제국의 국경을 따라 살고 있던 게르만족을 공격하면서 유럽을 공포의 도가니로 몰아넣기 시작했습니다. 그 중 아틸라 왕의 위용은 중세의 서사시에 자주 등장할 정도였습니다.

판사 　 아, 그렇군요. 생각해 보니 여러 기록들에 나타난 훈족의 이

미지는 어딘지 모르게 무서운 데가 있어요.

이대로 변호사　　　훈족은 유목민이었기 때문에 정착하지 않았습니다. 유목민은 흔히들 정주민들이 이룩한 문명 세계의 변두리에서 이따금씩 출현하여 문명 세계를 약탈하고 파괴하는 야만적이고 악한 존재로 기억됩니다. 하지만 이는 유목민이 자신의 역사를 스스로 기록으로 남기지 못했기 때문입니다. 즉, 기록을 남긴 자들의 입장만 반영되었다는 말입니다. 이번 소송에서 게르만족이 야만족이라고 불리는 이유도 문자를 가진 로마에 비해 게르만족은 문자를 가지지 못했기 때문일 것입니다.

판사　　　훈족이 그토록 강했다면 왜 유럽이 훈족의 천하가 되지 않은 것입니까?

이대로 변호사　　　유목민의 특성을 이해하시면 됩니다. 그들은 정착을 이해하지 못했던 종족입니다. 따라서 훈족은 부족의 통합과 생존을 유지하기 위해 끊임없이 물자가 필요했습니다. 그들은 마을을 습격하여 물자를 얻거나 마을을 보호해 주는 대가로 연간 보조금을 받았습니다. 당시 동로마 제국의 황제였던 테오도시우스 2세는 로마의 제국 수비대를 유지하는 것보다 훈족에게 보조금을 지불하는 것이 저렴하다고 판단하여, 매년 **아틸라** 왕에게 금 2,100파운드라는 거금을 지불했습니다.

　　문제는 후계자인 마르키아누스가 훈족에게 지급하던 보조금을 숭난하면서 촉발되었습니다. 보조금 지급이 중단되자 아틸라는 동

아틸라

아틸라(406~453년)는 훈족 최후의 왕이며 훈족 역사상 가장 강력한 왕이었습니다. 434년부터 죽을 때까지 유럽에서 최대의 제국을 지배했으며, 그의 제국은 중부 유럽부터 흑해, 도나우 강부터 발트 해까지 이어졌지요. 아틸라는 서로마 제국과 동로마 제국 최대의 적이었습니다.

로마를 습격함과 동시에 서로마를 공격하여, 전 유럽을 혼란에 빠뜨렸습니다. 그러나 아틸라 왕이 죽은 후 여느 유목민이 그러하듯 훈족은 급속히 해체되고 말았습니다.

김딴지 변호사 　판사님, 지금 이 변호사의 변론은 본 사건과 무관하다고 생각합니다.

이대로 변호사 　아닙니다. 분명히 관련이 있습니다. 저는 이 변론을 통해 자기중심적으로만 생각하면서 다른 사람을 무시하는 원고 측에 일침을 가하고 싶었습니다.

판사 　알겠습니다. 그렇다면 게르만족 이동의 의의는 무엇이죠?

이대로 변호사 　게르만족의 이동은 유럽이 형성되는 출발점이었습니다. 로마 제국에 충격을 가하는 한편, 별다른 문명을 이룩하지 못하고 있던 서유럽 대륙의 여러 민족이 세계사에 등장하는 계기를 만들어 주었습니다.

카이사르의 눈으로 본
게르만족

　일찍이 카이사르는 갈리아를 정복하면서 라인 강 동쪽의 게르만족과 접촉했습니다. 카이사르는 이들의 낙후한 의식주 생활을 유명한 『갈리아 전기(戰記)』에 기록했습니다. 로마 제국은 기원전 9년 아우구스투스 황제 시대에 게르만족을 정복하고자 시도했으나, 베저 강 유역에서 3개 군단 1만 3천여 명의 군사가 전멸하는 대패를 당했습니다. 이후에는 게르만족 정복을 포기하고 라인 강과 도나우 강을 연결하는 방어선인 리메스(Limes)를 구축하였습니다.

　리메스 장성이 구축되던 100년경 로마의 역사가 타키투스는 게르만족에 대한 보고서를 작성했습니다. 그는 지중해 연안 지방의 인간과 구별되는 그들의 겉모습과 생활 양식에 대해 비교적 상세한 기록을 남겼습니다. 그러나 세계를 정복한 뒤 사치와 향락에 젖어 나태해진 로마인을 경고하려는 의도에서 이 기록을 작성하였기에, 게르만족에 대한 타키투스의 묘사는 다소 과장되고 미화된 서술이 섞여 있었습니다. 하지만 초기 게르만족의 모습에 대해 상세하게 기술한 유일한 기록이라는 점에서 주목을 받습니다.

2

서로마 제국은
왜 게르만족에 의해 멸망당했을까?

판사 자, 원고와 피고 측의 변론을 통해 게르만족의 이동이 어떤 성격을 담고 있는지 잘 알 수 있었습니다. 그런데 게르만족에 대해서는 별로 알려진 바가 없네요. 그들에 대해서 알아보도록 하겠습니다. 우선 원고 측부터 말씀해 주세요.

김딴지 변호사 게르만족은 통상 야만족으로 알려져 있습니다. 우리가 이들에 대해 알고 있는 최초의 문헌적 전승은 극소수의 그리스 작가가 언급한 내용과, 로마의 카이사르와 타키투스가 언급한 내용입니다.

판사 게르만족의 사회상은 어떠했습니까?

김딴지 변호사 별게 있을라구요. 카이사르와 타키투스가 전한 바에 따르면 게르만족은 통합된 정치 조직을 이루지 못하고, 여러 개의 씨족 및 부족 단위로 구성되어 있었습니다. 그들의 우두머리는 기록상에 왕, 공으로 알려지고 있는데, 강력한 정치적 지도권을 발휘하는 존재는 아니었던 것으로 추측됩니다.

이대로 변호사　김딴지 변호사, 천만의 말씀입니다. 최근의 연구에 따르면 게르만족 사회는 농민들의 단순한 결합체가 아니라, 귀족이 지배하는 형태의 정치 조직이 있었던 것으로 밝혀졌습니다. 부족이나 씨족의 수장을 비롯하여 이들 귀족들은 게르만의 **민회**를 사실상 통제하고 있었으며, 하나의 전사 공동체를 결성하고 전쟁과 약탈을 지휘한 뒤 이들에게 전리품을 분배하였습니다. 이들 귀족은 이와 같은 무력 수단을 통해 토지와 농민을 지배하였습니다. 이러한 우두머리와 하수인의 관계를 흔히들 종사 제도라고 하는데, 이는 중세 유럽 봉건제도의 기원을 이루는 사회관계로 여겨집니다.

김딴지 변호사　아니, 야만족이 무슨 제도입니까? 그리고 로마에 빌붙어 약탈이나 한 주제에 무슨 통치 조직이 있을라구요.

이대로 변호사　상대편을 무시하는 김딴지 변호사의 버릇은 언제 고칠 수 있을까요? 타키투스조차도 게르만족을 '로마인과 달리 사치와 향락을 모르고 부패하지 않은 건강성을 지녔다'고 평가했지요. 번드레한 문명의 혜택은 보지 못했더라도 충성과 용맹, 자연과의 교감, 강한 공동체 의식 등은 당시 로마인이 결코 따라갈 수가 없었지요.

판사　그런 면이 있었군요.

공
'우두머리'라는 뜻으로, 대개 군사적 지휘관을 말합니다.

민회
이곳에서 왕의 선출이나 전쟁 여부와 같은 주요 사안이 의결되었습니다.

김딴지 변호사   앞에서 언급하였지만 게르만족과 로마와의 상호
제휴는 현실적인 측면이 있습니다. 로마는 국경 수비를 게르만 군대
에 돈을 주고 맡겼지요. 이렇게 함으로써 토지를 소유한 귀족은 게
르만족의 약탈을 방지할 수 있었고, 게르만족의 왕은 그렇게 받은
돈으로 민족을 부양할 수 있었지요. 이렇게 로마 제국 입장에서 보
면, 게르만족 군대는 유지 비용이 적게 들고, 속주민으로 구성된 상
비군보다 농사일에 방해가 덜하다는 이중의 효과를 거둘 수 있었지

요. 게다가 게르만족 사령관은 중앙에서 파견된 로마인 사령관보다 지역 귀족과의 협상에 더 적극적이었습니다. 그래서 공생 관계는 비교적 잘 유지되었지요.

속주
이탈리아 반도 이외에 로마가 점령한 영토를 말합니다.

판사　게르만족 내에서 어떤 변화는 없었나요?

김딴지 변호사　물론 있었습니다. 먼저, 로마와 친한 인물이 부족장이 되어 부와 권력을 축적함으로써 게르만족 세계 내에서의 힘의 균형이 깨졌습니다. 그리고 시민권을 받은 부족장들은 부대를 이끌고 로마 군대에서 동맹군으로 복무함으로써 군사적, 정치적 경험을 쌓을 수 있었지요. 이로써 수십 개로 나눠진 게르만족은 점차 몇 개의 왕국으로 발전하게 되었습니다. 다시 말해 게르만족은 로마로 말미암아 문명화될 수 있었습니다.

판사　그런데 왜 4세기 후반부터 게르만족이 침략과 약탈을 하게 되었는지요? 훈족의 침입이라는 외부적 요인은 아까 말씀이 있었고요. 다른 요인에 대해 말씀해 보세요.

김딴지 변호사　그 문제는 민감한 문제이기 때문에, 원고에게 직접 들어 보도록 하겠습니다.

콘스탄티누스　역사의 변화는 한 가지 원인으로 일어나지 않소. 정치적, 군사적 문제 외에도 다른 무엇이 복합적으로 작용했던 것이오. 군사 문제는 다른 문제와 맞물려 있소. 당시 군인 황제 시대에는 황제를 군대의 사령관 중에서 추대하였다오. 문제는 그렇게 추대된 황제가 병사의 월급 인상 요구를 감당하지 못하거나 경쟁 부대 혹은 야만족과의 내설에서 승리하지 못하면 자기 군대에 의해 암살당했다는 것이오. 황제 17명은 고작 몇 달을 통치한 후에 살해되었소.

이 군사 문제는 곧바로 사회적 문제를 야기했소. 군사 조직 유지 비용은 속주의 지주들에게 힘든 부담이 되었고, 이어 그들의 소작농과 노예에게 부담이 전가되었소. 그 결과 로마에는 도둑질과 약탈이 일상화되었소. 또한 세금 지불을 독촉하는 로마 당국 대리인을 야만족 약탈자보다 더 위험한 존재로 생각할 지경에 이르렀소. 즉, 로마 제국의 권위는 사라져 버린 것이오.

이대로 변호사   그러니까 망할 나라였다는 말씀이시지요? 그런 상황에서 시민은 얼마나 불안했겠습니까?

콘스탄티누스   인정하오. 이렇듯 로마가 쇠퇴한 근본적인 원인은 경제적 침체에 있었소. 로마 후기에 정복 전쟁이 끝나자 더 이상 포로를 확보할 수 없게 되었는데, 이는 노예 공급이 끊겼음을 뜻하오. 노예가 감소하자 생산성이 떨어졌소. 그리하여 노예 노동에 의존하는 대농장(라티푼디움) 경영이 어려워지자 점차 콜로누스(농노)라고 불리는 부자유 소작농이 농사를 짓는 콜로나투스제로 바뀌었소. 힘 있는 지배층은 권세를 이용하여 세금을 내지 않는 특권을 누리는 반면, 자영농은 더욱 과중한 세금을 부담하게 되었던 것이오.

견디다 못한 자영농들은 과중한 세금 부담에서 벗어나려고 스스로 자유를 포기하고 대지주의 보호를 받는 농노로 전락하기 시작했소. 그리고 이것은 중세 봉건제의 선구가 되었소.

한편 경제적 쇠퇴는 도시에도 나타났소. 사람들이 물건을 사지 않아 도시 수공업이 위축되었으며, 수공업 지역이 대도시로부터 변두리 지역으로 이동하여 로마 내의 경제적 교류가 더욱 약화되는 현상이 가속화되었던 것이오.

이대로 변호사   앞선 재판에서 지적했다시피, 원고는 본인이 로마 멸망의 원인이라고는 생각해 보지 않으셨나요?

콘스탄티누스   천부당만부당이오. 로마가 몰락한 근본적인 원인은 노예 노동이 점차 없어지면서 기존의 사회 경제 체제가 무너졌기 때문이오. 또한 황제로서 꼭 한 마디 넛물이고 싶은 게 있소. 몰락의 원인을 좀 더 거슬러 올라가 본다면, 로마 자영농의 파산과 그로 말미암은 시민군의 붕괴에서도 그 원인을 찾아볼 수 있소. 로마의 전체적인 단결을 가능케 했던 건전한 시민 정신이 소멸되자, 귀족은 퇴폐적이고 탐미적인 향락과 낭비에 젖어들어 갔고, 생산에서 소외된 가난한 시민은 무기력하고 부도덕한 집단으로 전락한 것이오. 여기서 로마 사회는 전체적인 침체의 늪 속으로 빠져들어 갔소.

이대로 변호사　　게르만족과 화합할 수는 없었나요? 이에 대해서는 어떠했습니까?

김딴지 변호사　　이건 제가 말씀드리죠. 로마의 쇠퇴는 4세기 말에 로마가 동서로 분열되면서 결정적인 것이 되었습니다. 크리스트교를 국교로 선포하며 로마의 재건을 도모하던 테오도시우스 황제는 죽으면서 두 아들에게 제국을 분할 상속했는데, 두 아들은 모두 이민족의 침입이라는 큰 시련을 겪어야 했습니다. 바로 서고트족과 훈족이 로마의 국경을 넘어 밀어닥쳤던 것입니다. 378년에 동로마 군대가 아드리아노플 전투에서 서고트족에게 완패하여 국경이 뚫리고, 속주를 차례로 상실하였습니다.

　　결국 로마는 410년에 서고트족의 왕 알라릭에게 약탈당하고, 반달족에게 다시 한 번 더 약탈당하는 수난을 겪었습니다. 결국 476년에 서로마 황제는 자신을 보호하기 위해 고용한 게르만족의 용병대장인 오도아케르에 의해 쫓겨났습니다. 로마는 이렇게 배은망덕한 게르만족에 의해 멸망당한 것입니다.

이대로 변호사　　김딴지 변호사, 완전히 동문서답하시네요. 저는 로마의 황제들이 게르만족을 제대로 껴안으려고 어떤 노력을 펼쳤는지 물었습니다.

김딴지 변호사 로마는 게르만족에게 성의를 보였습니다. 보조금을 준다든지, 정착지를 허용한다든지 하면서요.

이대로 변호사 원고 측은 교묘하게 자신의 잘못을 두루뭉술하게 넘기고 있습니다.

김딴지 변호사 그게 무엇이란 말씀입니까?

이대로 변호사 게르만족의 입장에서 봅시다. 로마는 약속을 손바닥 뒤집듯 쉽게 변경했지요. 몇몇을 제외하고는 대다수 게르만인은 로마인의 학대에 지쳤답니다. 오죽했으면 하층민들이 굶주림을 못 이겨 무력 저항을 일으켰겠습니까? 이게 로마의 실상입니다. 훈족의 아틸라가 왜 로마를 공격했습니까? 결국 로마 황제의 보조금 지급 거부 사태 때문이 아닙니까? 이 때문에 게르만족은 토사구팽 격이 되어 버린 것입니다. 급기야 로마는 378년 아드리아노플 전투에서 군대가 전멸당하고 발렌스 황제가 전사하기에 이르렀지요. 이때부터 로마는 모든 민족의 웃음거리가 되고 말았습니다. 필요할 때는 게르만족을 개처럼 부려먹더니 결국, 다 자업자득이지 뭐요.

김딴지 변호사 이것 보세요. 그런 사례 하나를 가지고 로마 전체를 매도하지 마세요. 게르만족이 그 정도로 세력을 키우게 된 것은 모두 로마의 덕이 아닙니까?

이대로 변호사 결코 그렇지 않습니다. 판사님, 새로운 증인으로 오노아케르를 보시고자 합니다.

판사 증인 오도아케르는 나와서 선서하세요.

오도아케르 선서, 나는 진실만을 말할 것을 맹세합니다.

이대로 변호사 증인, 자기소개를 부탁드립니다.

오도아케르 나는 게르만족으로 로마의 용병 대장이었소. 로마의 마지막 황제였던 로물루스 아우구스툴루스를 황제의 자리에서 끌어 내린 사람이 바로 나요. 그 후 지지자들이 나를 왕으로 옹립하였소. 나는 동로마 제국의 황제였던 제노에 의해 적법하게 임명받은 총독으로서 이탈리아 지역을 통치하기로 합의했소. 서로마 제국은 나로 인해 멸망한 것이 아니오. 나는 떳떳하오.

오도아케르의 자기소개에 방청석이 웅성거렸다.

"아니, 어느 역사책을 봐도 서로마 제국을 멸망시킨 장본인이 오도아케르라고 써 있는데? 법정에는 뻔뻔한 사람들이 워낙 많으니, 이거야 원."

"조금 더 지켜보자고. 새로운 사실이 나올지 몰라, 오히려 흥미진진한데, 뭘."

이대로 변호사 증인은 방금 로마를 멸망시킨 장본인이 아니라고 했는데, 그 이유가 무엇입니까?

오도아케르 왜 로마가 망했다고 하는 것이오? 그건 후세 역사가들이 잘못 이해한 것이오. 테오도시우스 황제가 죽은 후인 5세기 후반은 그야말로 약육상식의 시대였소. 군인 황제 시대와 맞먹을 정도로 황제들이 난립하였소. 하지만 적어도 로마에서는 적법한 절차를 거쳐야 황제가 되는 법이오. 그리고 나는 그 적법한 절차를 거쳤단 말이오.

이대로 변호사 그래도 로물루스 아우구스툴루스를 강제로 황제의 자리에서 끌어내리지 않았습니까?

오도아케르 로물루스 아우구스툴루스는 **찬탈자**의 아들일 뿐이오. 그는 동로마 제국의 황제에게 인정받지 못했소. 왜냐하면 그의 아버지인 오레스테스가 군사령관이 된 후, 네포스 황제를 폐위시키고는 9살에 불과한 자신의 아들을 황제 자리에 앉혀 꼭두각시로 삼았기 때문이오. 오죽하면 그의 이름이 로물루스 아우구스툴루스이겠소? 로물루스는 로마를 최초로 설립한 분의 이름을 딴 것이며, 아우구스툴루스는 로마의 초대 황제인 아우구스투스를 조롱하는 뜻이라오.

이대로 변호사 그렇군요.

오도아케르 나는 로마의 전통을 존중하는 사람이오. 찬탈자를 응징하여 원래의 전통을 살린 나를 왜 비난하는 것이오? 내가 왜 로마를 멸망시켰다고 하는 것이오? 동로마 제국의 황제로부터 동의를 얻어 황제가 되는 것이 로마의 전통이란 말이오. 똑똑히 알아 두시오. 나는 스스로를 '로마 황제'라고 칭하지 않고, '로마 왕'이라고 하였소. 또한 로마의 용병 대장으로 복무하던 시절부터 '영원한 로마'라는 관념을 존중하였소. 이것은 우리 게르만족에게도 대단한 권위로 작용했던 것이오. 그러니 로마는 결코 멸망한 것이 아니오.

이대로 변호사 그렇습니까? 그러면 당시 로마인은 당신을 왕으로

인정하였습니까?

오도아케르   나는 동로마 제국의 황제로부터 동의를 얻었을 뿐만 아니라, 원로원과 귀족들의 지지도 얻어냈소. 당시 로마 시민은 "이미 수십 년 동안 게르만 용병 대장들이 사실상 서로마 제국을 좌지우지했기 때문에 새삼스러울 것도 없다"라며 대수롭지 않게 반응하였소. 왜 로마 제국 멸망을 운운하면서 호들갑을 떠는지 모르겠소. 후대의 역사가들이 원망스러울 따름이오. 왜냐하면 나는 평온하게 황제를 퇴위시켰을 뿐이니까 말이오.

이대로 변호사   그렇다면 증인은 어떻게 왕위에서 쫓겨났습니까?

오도아케르   내가 동로마 제국의 황제를 너무 믿었던 게 잘못이었소. 동로마 제국의 제노 황제가 이번에는 동고트의 왕이었던 ▶테오도릭에게 이탈리아 지역을 준다고 약속한 것이었소. 당시 테오도릭은 최고의 용맹을 자랑하던 때였소. 나는 항복했건만, 원통하게도 그는 나를 살해하였소. 로마인을 믿는 게 아니었는데…….

이대로 변호사   그 이후의 상황은 어떻게 되었습니까?

오도아케르   테오도릭이 총독으로서 이탈리아 지역을 통치했소. 그 후 로마 제국의 영토에는 여러 개의 작은 게르만 왕국이 수립되었다오. 특히 알프스 이북의 라인 강 하류 지방에는 가장 강대한 게르만족의 왕국으로 프랑크 왕국이 등장하게 되었소.

판사   네, 피고 측 변호인의 신문을 잘 들어 보았습니다. 원고 측 변호인, 증인 신문하시겠습니까?

김딴지 변호사   네, 물론입니다. 증인, 증인의 직위가 무엇입니까?

오도아케르   용병 대장이오.

김딴지 변호사   상식적으로, 용병 대장이 황제가 될 수 있다고 생각합니까? 당시 로마의 황제는 어떻게 될 수 있었습니까?

오도아케르   로마의 황제가 되기 위해서는 디오클레티아누스 황제이래로 동서 로마 제국의 황제로부터 동의를 받아야 했소.

김딴지 변호사   증인은 동로마 제국의 황제로부터 동의를 얻었습니까?

오도아케르   물론이지요.

김딴지 변호사   그렇다면 증인이 동로마 제국의 황제로부터 동의를 얻는 데 어떠한 거래도 없었나요?

오도아케르   그건…….

김딴지 변호사   제가 조사한 바에 따르면, 증인은 동로마 제국에 침입하지 않는다는 조건으로, 동로마 제국의 황제로부터 이탈리아 지배를 승인받았습니다. 당시 동로마 제국의 황제가 위기감 때문에 증인과 거래를 한 것이지요. 그것은 합법을 가장한 위법이 아닙니까? 당시 동로마 제국의 황제는 동고트족과 전쟁을 벌이려 했기 때문에 이탈리아 지역에 신경을 쓸 겨를이 없었던 것입니다.

증인은 황제의 자리를 찬탈했다는 사실을 교묘히 은폐하고 있습니다. 그러나 아무리 변명을 한다 해도 진실은 속일 수 없는 법입니다. 이상입니다.

판사   네, 수고하셨습니다. 증인은 방청석으로 들어가셔도 좋습니다. 이번 재판에서는 게르만족과 로마의 관계에 대해 살펴보았습니다. 이로써 2차 재판을 마치겠습니다. 모두 수고하셨습니다.

땅, 땅, 땅!

왜 게르만족은 서로마 제국을 멸망시켰을까?

로마 제국 쇠망론

　멸망 당시의 로마 제국은 정치, 사회, 경제, 군사를 비롯하여 총체적으로 약화되었으며, 마침내 국경 바깥에서 압박을 가하고 있던 게르만족이 제국 안으로 밀고 들어오면서 붕괴되었습니다.

　로마 제국의 멸망에 대해서는 역사적으로 여러 가지 주장이 제기되어 왔습니다. 그중 에드워드 기본이라는 영국 학자가 쓴 『로마 제국 쇠망론』은 역사적 고전이 되었지요. 여기서는 로마 제국의 멸망에 관한 몇 가지 학설들을 살펴보겠습니다.

(1) 기독교라는 새로운 신앙이 널리 퍼지면서 그동안 로마를 지탱했던 강건한 '농민-병사-시민'의 심성이 약해졌다는 설.

(2) 관료적인 복지국가 제도와 그것을 지탱하기 위해 거둬들인 과도한 세금이 국가를 약하게 만들었다는 설.

(3) 농민층이 붕괴되고 그 반대로 라티푼디움 노예제 대농장이 확대되었으나 노예 공급이 중단되면서 이 제도가 운영되지 못한 데다가 지력이 고갈되어 농업이 쇠퇴했기 때문이라는 설.

(4) 수도관, 냄비, 화장품, 약, 염료, 포도주 보존에 납을 사용했기 때문에 로마 시민이 서서히 납 중독 현상(온몸의 마비에서 유산과 불임에 이르기까지)으로 씨가 말라 갔다는 설.

다알지 기자

콘스탄티누스와 샤를마뉴의 2차 재판이 방금
끝났습니다. 정말 한 치의 양보도 없는 치열한 재판
이었는데요. 게르만족에 의해 서로마 제국이 몰락하는 과정에 대해 열
띤 논쟁이 있었습니다. 서로마 제국을 멸망시킨 장본인인 오도아케르
가 증인으로 나와서 증언을 하였지요. 아, 이제 양측 변호사들이 나오
고 있는데요. 소감을 한번 들어 보겠습니다. 김딴지 변호사!

김딴지 변호사

　로마가 비록 쇠락했다고는 하나 그 정통성이 훼
손되어서는 안 된다고 생각합니다. 배은망덕한 게르만
족을 로마 계승자라고 인정하는 것은 역사 왜곡이라고 말하고 싶습니
다. 야만족에 의해 로마의 전통적인 가치는 훼손되었으며, 정통 로마
의 역사가 파괴되었습니다. 피고 측의 주장은 정말 어이가 없습니다.
다음 재판에서는 샤를마뉴의 억지 주장을 끝까지 파헤치겠습니다.

이대로 변호사

    샤를마뉴는 프랑크의 왕이자 서로마 제국의 황제였습니다. 기껏 불타는 로마와 약탈당하는 로마 유산을 구해줬더니, 이제는 적반하장이로군요. 이번 재판 내내 게르만족을 야만족이라고 하더라고요. 그거야말로 로마가 아직 정신을 못 차렸다는 이야기지요. 자기들의 기록을 들이대면서, 자기가 세계의 중심이고 나머지는 다 변두리니 야만이니 하는 것은 역사에서 분명히 바로잡아야 할 대목이지요. 서로를 인정하려는 태도가 전혀 없으니, 이런 사람들하고 법정에 설 때마다 한심하다는 생각이 드는군요.

카롤루스 대제의 화려한 흔적

크리스트교를 지키기 위해 전쟁도 마다하지 않았던 카롤루스 대제는 독일의 아헨 지역에 커다란 성당을 세웠어요. 814년 눈을 감은 카롤루스 대제는 이곳에 매장되었답니다. 카롤루스 대제는 1165년에 성인의 반열에 오르지요. 그가 세우고 묻힌 아헨 대성당에 남아 있는 여러 화려한 유물들을 살펴보며 그의 삶과 당시의 모습들을 짐작해 볼까요?

성모 마리아의 성유물 상자

사진 속의 화려한 유물은 아헨 대성당에 있는 상자로 은과 구리, 밀랍 등으로 만들어졌어요. 성모 마리아의 성유물 상자로, 성스러운 물건을 보관하는 상자랍니다. 마리아의 외투, 세례자 요한의 옷, 아기 예수의 강보, 허리를 두르는 옷을 보관하고 있다고 전해지지요.

카롤루스 대제의 황금유골함

많은 왕들이 대관식을 거행했던 아헨 대성당에는 카롤루스 대제의 황금유골함이 있어요. 금과 은으로 만들어진 이 관은 신성 로마 제국의 황제였던 프리드리히 2세가 만든 것으로 알려져 있지요. 카롤루스 대제를 존경했던 프리드리히 2세는 자신의 대관식 때 직접 새로 만든 이 관에 카롤루스 대제의 유골을 옮겨 담았다고 해요. 관 표면에는 예수, 교황, 제자, 카롤루스 대제, 성모 마리아를 새겼어요. 그런데 카롤루스 대제를 중심으로 구도가 만들어진 것이 특징이지요.

페르세포네의 석관

독일의 아헨 대성당에는 여러 보물이 보관 중이에요. 이 중에는 흰 대리석으로 된 관도 있답니다. 이 관의 겉면에는 섬세한 조각이 있는데, 그리스 신화 중 페르세포네 납치에 관한 내용을 새긴 것이지요. 페르세포네는 곡물과 땅의 여신인 데메테르의 딸로, 하데스에게 납치되어요. 하데스는 사람이 죽으면 가는 영혼들의 세계의 신이랍니다.

샤를마뉴는 어떻게 서로마 제국의 황제가 되었을까?

1. 프랑크족은 어떻게 최후의 승자가 되었을까?
2. 카롤링거 왕조는 어떻게 메로빙거 왕조를 계승했을까?
3. 샤를마뉴는 어떻게 서유럽을 통합할 수 있었을까?

1

프랑크족은 어떻게
최후의 승자가 되었을까?

판사 오늘이 재판 마지막 날이군요. 오늘 재판에서 양측은 프랑크 왕국이 수립된 과정에 대해 변론해 주기 바랍니다. 먼저 원고 측부터 시작해 주시지요.

김딴지 변호사 존경하는 재판장님 그리고 배심원 여러분, 피고 샤를마뉴는 서로마 제국의 계승자가 아닙니다. 왜냐하면 샤를마뉴 왕가는 반역과 찬탈로 이루어졌기 때문입니다.

판사 원고 측 변호인, 그에 대해 자세히 설명해 주세요.

김딴지 변호사 역사책에서는 샤를마뉴를 서로마 제국의 계승자로, 그리고 로마 문화를 융합한 서유럽 문화의 주창자로 그리고 있습니다. 하지만 그의 가문은 파렴치한 찬탈자였을 뿐입니다. 재판장님, 이를 입증해 줄 증인 클로비스를 모시고자 합니다.

판사   네, 좋습니다. 클로비스는 증인석으로 나와 증인 선서를 해
주세요.

클로비스   나, 클로비스는 세계사법정에서 진실만을 말할 것을 맹
세합니다.

김딴지 변호사는 클로비스에게 다가가 가볍게 목례를 하고는 질
문을 시작했다.

김딴지 변호사   바쁘실텐데 증인으로 나와 주셔서 감사합니다. 간
략하게 자기소개를 해 주시겠습니까?

클로비스   나는 481년 ▶메로빙거 왕조를 연 클로비스라고 하오.
분열된 전 부족을 통일하여 프랑크 왕국을 세웠지요. 대부분의 게르
만 왕국들이 빠른 시일 내에 멸망한 반면, 나의 프랑크 왕국만은 발
전을 계속하여 서로마 제국이 멸망한 후에는 유럽의 주도적인 세력
이 될 수 있었지요. 그런데 내가 죽은 후, 믿었던 신하에게 왕실을 빼
앗기고 말았소. 원통하고 분하여 저승에서도 눈을 감을 수
없었소. 내가 오늘 세계사법정에서 샤를마뉴와 그의 가문
의 진상을 만천하에 알리겠소.

김딴지 변호사   여부가 있겠습니까! 억울한 자의 막힌 가
슴을 보듬어 안고 정의를 세우는 것이 저희 법조인의 사명
이 아니겠습니까? 그럼 프랑크족에 대해 말씀해 주시겠습
니까?

교과서에는

▶ 메로빙거 왕조의 개창자
인 클로비스는 가톨릭의 정
통파인 아타나시우스파로
개종한 뒤 다른 게르만족의
연합군을 격파하고, 갈리아
중부 지방까지 영토를 확장
하여 프랑크 왕국 발전의 기
틀을 미련했습니다.

클로비스   여느 게르만족처럼 우리 프랑크족도 여러 집단으로 나뉘어 살았소. 레갈레스와 두케스라는 우두머리가 연합체의 일부를 통치하고 서로 주도권을 다투곤 했다오. 로마와 접촉하면서 3세기 무렵에는 로마군에 복무하기도 했지요. 이미 로마와 프랑크족은 일체화되고 있었소. 프랑크 전사의 묘비명에는 '나는 프랑크 사람이지만 로마의 군인이다'라는 문구가 적혀 있을 정도니까 말이오.

김딴지 변호사   그렇군요. 당시 동고트 왕국, 서고트 왕국 등 내노라하는 게르만족이 빠른 시일에 멸망했는데, 유독 프랑크 왕국만이 살아남아 유럽의 새로운 질서를 확립하게 된 비결은 무엇이었습니까?

클로비스   중요한 것은 사람의 마음을 얻는 것이라오. 그래서 나는 게르만족과 로마 주민 간의 융화에 힘을 기울였소. 그래서 496년에는 가톨릭으로 개종하기도 하였소. 그 당시 남부 갈리아 지방에서는 가톨릭을 믿는 대다수 사람들이 서고트족에게 지배를 당하고 있었다오. 그들이 가톨릭을 믿는 왕을 해방자로서 환영하고 협조하리라는 것은 당연히 예상되는 일이었소. 이로써 프랑크 왕국과 로마 교회 간에 상호 이익 공동체가 성립되기 시작했소.

김딴지 변호사   그러한 종교 정책이 큰 의미가 있었나요?

클로비스   들어 보시오. 당시에 종교는 거의 모든 것이었소. 종교를 결코 현재의 기준으로 과소평가해서는 안 된다오. 나의 가톨릭 개종은 다음 세기에 모든 프랑크족이 크리스트교 주교 및 전도사에 의해 진정으로 개종하게 되는 길을 활짝 열어 놓았다는 점에서 중요한 사건이었소.

김딴지 변호사   그렇군요. 그럼 종교 정책 외에 다른 정책은 없었습니까?

클로비스   나는 역사를 중요시 여기는 사람이오. 역사적으로 볼 때 게르만족 내에서도 우리 프랑크족은 세력이 미약했고, 다른 부족이 훨씬 강성했소. 그런데 우리보다 훨씬 강했던 다른 부족이 쉽게 쇠약해지고 말았지. 나는 그 이유를 간파했소.

김딴지 변호사   그게 무엇인가요?

클로비스　　그들은 뿌리를 무시하였소. 무엇이든 새로운 문물이면 자기 것을 버리고 새로운 문물을 따라가더군. 동고트족도 서고트족도 모두 그랬소. 다시 말해 그들은 새로운 문물인 로마 문화에 동화되어 버리고 말았소.

　나는 라인 강의 원 거주지를 버리지 않고 서서히 팽창을 하며 이동했소. 그래서 우리 프랑크족의 전통과 뿌리를 지킬 수 있었소. 아니, 조상 대대로 목축을 하던 관습을 하루아침에 로마처럼 농경 문화로 바꾸어 보시오. 과연 적응이 되겠소?

　또한 갈리아 지방으로 이동한 것은 탁월한 선택이었소. 서고트 왕국을 보시오. 그들은 스페인 지역으로 간 후, 이슬람 제국과의 끊임없는 싸움 때문에 국력을 소진하고 말았소. 반달 왕국 역시 아프리카로 건너가서 금세 망해 버렸소. 게다가 그들은 동로마 제국의 황제들과 끊임없이 싸웠소. 지리적 선택을 아주 잘못했던 것이오. 하지만 나는 혜안을 가졌소. 지금 와서 생각해 봐도 갈리아로 이동한 것은 나의 탁월한 지리적 감각 때문이었소. 그로 인해 동로마 제국이나 이슬람의 직접적인 공격을 피하고, 힘을 비축할 수 있었다오.

김딴지 변호사　　존경하는 판사님 그리고 배심원 여러분, 증인의 발언을 잘 들어 주십시오. 굳이 로마의 계승자를 주장한다면 피고 샤를마뉴가 아니라 증인 클로비스 대왕이 되어야 하는 것입니다.

클로비스　　나는 진정한 영웅이었소. 프랑크 왕국이 출현하면서 유럽의 정치·문화의 중심이 지중해 연안에서 갈리아 지역으로 옮겨졌다오. 그리하여 갈리아 지역은 크리스트교를 매개로 하여 로마 문화

와 게르만 문화가 융합되는 장이 되었소. 그리고 이것은 서유럽 사
회와 문화를 낳는 토양이 되었던 것이오.

판사   네, 증언 잘 들었습니다. 증인은 내려가셔도 좋습니다.

2

카롤링거 왕조는 어떻게 메로빙거 왕조를 계승했을까?

판사   이쯤에서 프랑크 왕국의 **메로빙거 왕조**가 왜 **카롤링거 왕조**로 바뀌었는지를 짚어 보아야겠군요. 우선 원고 측 변호사 말씀하세요.

김딴지 변호사   역사가들의 노력으로 게르만족의 사회 제도와 프랑크족의 상속 제도는 비교적 상세히 알려져 있습니다. 메로빙거 왕가는 신의 후손으로 믿어졌고, 왕은 가문 내에서 선출되었습니다. 왕의 실질적인 권력은 대부분 문맹으로 인해 로마법이나 로마의 행정 기술의 전통을 전혀 모르는 프랑크 전사들의 충성에 기반을 둔 것이었습니다. 징수되는 세금은 모두 왕의 개인적인 재산이 되었습니다. 왕국 자체도 왕가의 사유재산으로 간주되어, 왕이 죽으면 왕자들에게 분할 상속되었습니다. 역사가들이 프랑크족의 고질적인 문제로 꼽는 것이 바로 분할 상속입니다. 프랑크 왕가는 재산을 자식들에게 고루 나누어 주었던 것이지요.

이대로 변호사   맞습니다. 그렇게 분할 상속을 하는데 자식들이 왕위 계승권 다툼을 하다가 왕국이 내분에 빠지게 되었지요. 그러나 아쉽게도 메로빙거 왕가에는 클로비스만 한 왕이 없었습니다. 클로비스가 죽은 후 여러 무능한 왕들 때문에 내분이 자주 일어나 국권이 흔들리자, 메로빙거 왕가 대신 자연스레 궁재 카롤루스 마르텔이 실권을 쥐게 되었습니다. 그리하여 카롤링거 가문의 세력이 커지게 되었습니다.

김딴지 변호사   이의 있습니다. 판사님 이대로 변호사는 자꾸 메로빙거 왕가를 깎아내리는 발언을 하고 있습니다. 고려 왕조가 망한 후 고려사를 누가 썼는지 아십니까? 조선의 학자들이지요. 당연히 조선 왕조 성립의 정당성을 확보하기 위해 고려 왕조의 무능함을 부각시켜야 되겠지요. 이는 유럽 근대 계몽 사상가들에게도 동일하게 적용되는데요. 자기 시대를 더 빛나 보이게 하려다 보니 중세를 암흑기라고 비하하게 되고, 이성을 중시한 르네상스를 근대의 시초로 잡았지요. 마찬가지입니다. 이대로 변호사는 메로빙거 왕조를 찬탈한 카롤링거 왕조의 역사서만 참고해 역사적 오류를 범하고 있습니다. 메로빙거 왕조는 결코 무능하지 않았습니다.

판사   음……. 그렇다면 이대로 변호사에게 하나만 더 묻겠습니다. 카롤링거 왕조는 어떻게 형성되었나요?

이대로 변호사   메로빙거의 왕들이 다들 빨리 죽었습니다. 그리하

메로빙거
메로빙거란 이름은 클로비스 가문의 시조로 알려진 전설적인 인물 메로베치에서 유래한 것입니다.

궁재
집안의 관리자라는 뜻으로, 왕실을 관장하는 우두머리 관리입니다. 특히 7~8세기 프랑크 왕국의 재상(宰相)을 말합니다.

여 연이어 어린 왕들이 즉위함에 따라 실권은 여러 파벌로 나뉘어진 귀족들에게 넘어갔습니다. 로마 말기의 상황과 아주 비슷합니다. 외적은 호시탐탐 영토를 노리는데 어리고 약한 왕이 우유부단한 정치를 펼쳤기 때문에, 프랑크 왕국의 운명은 바람 앞의 등불격이었습니다. 그러한 프랑크 왕국을 위기에서 구출한 것이 바로 카롤루스 마르텔이었습니다.

왜 게르만족은 서로마 제국을 멸망시켰을까?

김딴지 변호사   결국 강자가 약자를 잡아먹는 힘의 논리를 펼치는 것 아닙니까? 말이 좋아 왕국을 구출하는 것이지, 사실은 찬탈입니다!

판사   김딴지 변호사의 말은 잘 알겠습니다. 그러나 일단은 이대로 변호사의 변론을 더 들어 보기로 하겠습니다. 이 변호사, 카롤루스 마르텔은 어떤 업적이 있었나요?

이대로 변호사   가장 중요한 업적은 갈리아 지역에 깊숙이 침입한 이슬람 군대를 732년 **투르·프와티에 전투**에서 물리쳐 서유럽의 이슬람화를 막았다는 것입니다. 이것은 유럽을 이슬람 세력으로부터 막았다는 중요한 의의를 지닙니다. 이후 카롤루스 마르텔의 아들인 피핀이 카롤링거 왕조를 열고, 피핀의 아들인 샤를마뉴가 이를 계승하고 발전시켜 새로운 유럽 세계가 열렸던 것입니다.

판사   그렇군요. 그런데 봉건제가 이 시기와 연관이 있나요?

이대로 변호사   메로빙거 왕조의 혼란기를 극복하면서 등장한 것이 바로 봉건제였습니다. 봉건제란 봉토를 매개로 한 쌍무적 계약 관계를 말합니다. 봉건제의 성립에는 여러 설이 있습니다만, 카롤루스 마르텔이 ▶투르·프와티에 전투에 앞서 이슬람군에 대항할 무장 기병대를 모집한 것에서 기원한다는 설이 정설입니다. 그는 이들에게 계속 자신의 휘하에서 복무할 것을 주문하고, 그 대가로 생계와 무장에 충분한 면적의 토지를 하사했습니다. 이 영지를 은대지(beneficium) 혹은 봉토

투르·프와티에 전투
8세기 초에 아라비아인은 지중해 세계의 양쪽 끝에서 새롭게 정복 활동을 시작했습니다. 그들은 711년에 북아프리카에서 스페인 지역으로 쳐들어가, 서고트 왕국을 삽시간에 무너뜨렸지요. 그들은 코르도바를 수도로 하여 스페인 지역에 이슬람 국가를 창건했습니다. 그러나 이슬람 군대는 732년에 투르 근처에서 카롤루스 마르텔에게 패하면서 유럽 정복에는 실패했지요.

교과서에는

▶ 카롤루스 마르텔은 투르·프와티에 전투를 승리로 이끌어 서유럽의 이슬람화를 막았습니다.

(feudum)라고 부르는데, 여기서 봉건제(feudalism)가 유래되었습니다. 이것은 로마 말기에서부터 유래했다고도 봅니다.

판사   여기서도 로마의 문화를 엿볼 수 있군요?

이대로 변호사   물론입니다. 이는 8세기 로마의 정치·경제 제도를 계승하여 독창적인 제도와 문화를 창조한 모습이었지요.

판사   그럼 새로운 시대가 열렸다고 볼 수 있겠네요?

김딴지 변호사   새 시대가 도래한 것이 맞습니다. 이슬람의 지중해 유역 정복과 마자르족, 노르만족 등 이민족의 계속된 침입으로 인해 서유럽의 정치 조직은 지방 분권화되었지요. 또한 지중해 무역의 쇠퇴에 따라서 도시는 활기를 잃어가고 화폐의 사용도 줄어들었습니다. 반대로 토지에 근거를 둔 자급자족적 생활이 중심을 이루게 되었습니다. 이것은 확실히 로마와 다른 새 시대이지요.

3

샤를마뉴는 어떻게
서유럽을 통합할 수 있었을까?

판사　원고는 샤를마뉴의 서로마 제국 계승이 무효라고 주장합니다. 그러나 역사가들은 그의 서로마 계승은 합당하다고 합니다. 이런 상반된 시각에 대해 마지막으로 양측의 변론을 듣겠습니다. 우선 피고 측 변호사부터 변론하세요.

이대로 변호사　피핀의 아들 샤를마뉴 때 프랑크 왕국의 번영은 절정에 달하였습니다. 주변의 열두 나라와 전쟁을 치르며 방대하게 영토를 확장하여, 스칸디나비아와 영국을 제외한 전 유럽의 영토를 점령하였습니다. 그는 영토를 넓힐 때마다 포교단을 보내어 그곳의 토착민들을 로마 가톨릭에 귀의시켜 회유했습니다. 그러면서 그는 로마 시의 반란으로 위기에 몰린 교황 레오 3세를 도와 그를 복위시켰으며, 그 보상으로 레오 3세는 그에게 서로마 황제의 관을 씌워 주었

스칸디나비아
북유럽의 스칸디나비아 반도를 말합니다. 현재 이 지역에는 노르웨이, 덴마크, 스웨덴 등의 나라가 있답니다.

칼리프
이슬람 제국의 최고 통치자를 일컫는 말입니다. 아랍어로는 '칼리파'라고 하지요.

습니다. 이로써 서로마 제국이 부활하게 된 것입니다. 그 결과 형식상 동로마 제국 황제의 신하였던 프랑크 왕은 명실상부하게 독립을 하게 되었고, 교황도 이에 따라 독립을 주장하였습니다. 이처럼 역사적으로 명백한 사실을 두고 계승권이 무효라니요.

샤를마뉴는 지도자이자 정복자로서 고대의 알렉산드로스 대왕이나 후일의 나폴레옹에 비견할 만한 사람입니다. 아랍 **칼리프** 중 가장 위대한 하룬 알 라시드가 유럽의 다른 왕들은 경멸하면서도 샤를마뉴만큼은 친구로 삼고자 원할 정도였으니까요. 어찌 보면 로마의 황제 중에서도 그와 비견될 수 있는 사람은 카이사르 정도뿐입니다.

김딴지 변호사 동로마 제국의 황제도 샤를마뉴의 로마 제국 계승권을 인정하였나요?

이대로 변호사 답답합니다. 정치적으로 대립 관계에 있던 동로마 제국의 황제가 이를 인정한다는 게 말이나 됩니까? 게다가 종교상으로도 성상 숭배령으로 그리스 정교를 내세운 로마 교황과 동로마 제국 황제의 사이는 껄끄러웠지 않았습니까?

김딴지 변호사 판사님, 이를 정확히 확인하기 위해 동로마 제국의 황제였던 유스티니아누스를 새로운 증인으로 모시고자 합니다.

판사 증인 유스티니아누스는 나와서 선서하세요.

샤를마뉴 초상

유스티니아누스   서서, 나는 진실만을 말할 것을 맹세합니다.

김딴지 변호사   증인, 자기소개를 부탁드립니다.

유스티니아누스   나는 위대한 로마 제국의 황제 유스티니아누스라고 하오.

김딴지 변호사   동로마 제국은 프랑크 왕국을 로마 제국의 계승자로 인정하나요?

유스티니아누스   천만의 말씀이오. 그들은 야만족이라오. 나는 당시 그들과 몸소 싸웠소.

이대로 변호사   잠깐만요. 그러면 동로마 제국이 로마의 계승자라고 할 만한 근거는 있습니까?

유스티니아누스   나는 정치·군사적인 면에서 로마를 계승하였소. 로마의 영토를 탈환하는 데에 평생을 바쳤던 것이오. 아프리카의 반달 왕국과 이탈리아의 동고트 왕국을 정복하고 서고트 왕국으로부터 이베리아 반도 일부를 탈환하면서, 로마 제국은 제2의 전성기를 맞았소. 또한 나는 위대한 로마 법률을 집대성하였소. 이를 『로마법 대전』이라고 한다오. 사람들은 그 법전에 내 이름을 붙여 ▶▶『유스티니아누스 법전』이라고도 하더군. 비록 내가 죽은 후 동로마 제국의 세력이 크게 약해졌지만, 나의 후예들은 엄연히 정통 로마의 후손들이오.

이대로 변호사   증인의 후계자들도 증인처럼 프랑크 왕국과 거리를 두었나요?

유스티니아누스   물론이오. 726년 ▶▶성상 숭배 금지령은

교과서에는

▶ 로마인이 가장 위대한 재능을 발휘한 분야가 법률이었습니다. 로마의 법이 완벽한 체계를 갖춘 것은 유스티니아누스 대제가 다스리던 동로마 제국에서였지요. 『유스티니아누스 법전』은 후대의 법에 큰 영향을 미쳐, 오늘날 유럽 국가 민법의 바탕을 이루고 있답니다.

왜 게르만족은 서로마 제국을 멸망시켰을까?

그것을 단적으로 보여 주었소. 콘스탄티누스 이래로 대대
로 교회는 황제의 관할 아래 있었다오. 동로마는 이를 계
승하였고, 역사가들은 이를 황제 교황주의(Caesaropapism)
라고 부르지.

로마법 대전

이대로 변호사　　성상 숭배 금지령은 무엇인가요?

유스티니아누스　　성상 숭배 금지령은 동로마 제국의 황
제였던 레오 3세가 725년에 반포하였소. 로마 교황이나
심지어 콘스탄티노플 대주교도 이를 격렬히 반대했지.

이대로 변호사　　사제들이 왜 반대를 하였지요?

유스티니아누스　　성상 숭배 금지령에는 두 가지 문제점이 있었소.
첫째는 성서 구절을 제시한 것이고, 둘째는 성직자가 아닌 황제가
직접 반포했다는 것이지.

이대로 변호사　　그게 어쨌다는 것입니까?

유스티니아누스　　어허. 이대로 변호사는 참으로 무식하구료. 대화
가 안 되는구면. 내가 다시 말씀해 드리겠소. 첫째는 성서 해석을 둘
러싼 논쟁을, 둘째는 성서 해석권의 주체를 둘러싼 논쟁을 유발했던
것이오. 더 구체적으로 말하리다. 동로마 제국의 황제는 성상 숭배
를 금지하는 근거로 '어떤 형상도 만들지 말라'라는 성서
구절을 들었소. 요지는 성상이 우상 숭배란 것이었지. 이
에 반해 성상 옹호론의 입장은 성서의 그다음 구절인 '나
이외에 다른 신을 두지 말라'를 근거로 두고 있소. 성상 옹
호론은 성상이 단순히 우상을 숭배하기 위해 만든 것이 이

교과서에는

▶▶ 동로마 제국에서는 성상
숭배 금지령을 비롯한 수많
은 종교적 이단 논쟁이 벌어
졌습니다.

니라 예수를 좀 더 가깝게 접하기 위해 만들었다는 것이오. 성상은 당시 글자를 모르는 사람들에게 이미지로 다가가려 한 것이었소. 게르만족을 비롯한 이교도들에게 포교할 때는 성상을 이용함으로써 큰 효과를 보았던 것도 사실이라오.

김딴지 변호사　　　그렇군요. 말하자면 겉은 종교 논쟁이지만 속은 정치 권력과 교회의 힘겨루기로 볼 수 있겠군요. 이탈리아 지역의 통치권을 두고 동로마 제국의 황제와 로마 교황의 갈등이 수면 위로 드러난 것으로도 볼 수 있고요.

　　왜 게르만족은 서로마 제국을 멸망시켰을까?

유스티니아누스 역시 김딴지 변호사는 말이 통하는구료. 그래서 당시 다수의 성직자들은 성상 숭배 금지령에 반대하였고 급기야 콘스탄티노플 대주교가 사형에 처해졌지. 이 일은 크리스트교 세계가 동쪽의 그리스 정교와 서쪽의 로마 가톨릭으로 나누어지는 계기가 되었소.

김딴지 변호사 네, 증언해 주셔서 감사합니다. 존경하는 판사님, 증인의 증언을 참고하여 볼 때 동로마 제국이야말로 로마 제국의 정당한 계승자임이 분명합니다. 이상입니다.

판사 피고 측 변호인, 다른 하실 말씀 있나요.

이대로 변호사 물론 있습니다.

판사 신문하시기 바랍니다.

이대로 변호사 증인은 로마 계승권의 한쪽 면만을 말씀하시고 계십니다. 제가 다른 면을 보여드리지요. 동로마 제국의 언어가 무엇이었습니까?

유스티니아누스 그건 그리스어였소.

이대로 변호사 민족의 가장 중요한 요소가 언어인데 그리스어를 사용하셨다고요? 일반 사람들은 그렇다치고, 황실에서는 어떤 언어를 사용하셨나요?

유스티니아누스 흠. 그리스어였소.

이대로 변호사 그렇습니다. 동로마 제국의 황제는 그리스어를 사용하였습니다. 이래도 로마를 계승했다고 말할 수 있나요? 동로마 제국은 언어뿐만 아니라 문화적인 면에서도 말할 나위 없이 온통 그리스를 계승하였지요. 물론 처음에는 정치·군사적 측면에서 로마를 계승하려고 안간힘을 쓰셨겠지만, 결국 나중에는 로마와 다른 형태가 되고 말았던 것입니다. 그래서 개인적으로 동로마 제국보다 비잔티움 제국이란 이름이 더 적절하다고 생각합니다. 이상입니다.

판사　네, 증인은 내려가셔도 좋습니다.

방청석에서 이를 두고 논란이 분분하였다.

"이래서 역사적 진실이란 판단하기 어려운가 봐."

"글쎄, 유스티니아누스 황제가 말할 때는 그가 로마 제국의 진정한 계승자인 것 같았는데, 피고 측 변호인의 단 한 번의 반론으로 분위기가 이렇게 반전되니 말이야."

판사　피고 측 변호인, 동로마 제국의 유스티니아누스가 로마의 계승자가 아니라면, 프랑크 왕국의 샤를마뉴가 로마를 계승했다는 근거는 무엇입니까?

이대로 변호사　샤를마뉴는 로마 제국의 전통을 회복하였다는 점에서 '로마인의 황제'라는 칭호를 받을 수 있습니다. 샤를마뉴는 크리스트교를 바탕으로 하여 유럽 전역으로 지배권을 확장했습니다. 이러한 크리스트교 개종 사업을 위해서는 교육을 받은 사제가 필요했는데요. 더욱이 광대해진 그의 영토를 관리하기 위해서는 읽고 쓸 줄 아는 사람이 필요했습니다. 수도사들에게 읽기와 쓰기를 가르치기 위한 학교가 설립되었고, 로마 인쇄체의 기원이 되는 새롭고 또

렷한 글씨체가 고안되었습니다. 역사가들은 이를 '카롤링거 르네상스'라고 부릅니다. 그 누구도 할 수 없었던 고전기 로마의 학문 부흥 운동을 300년만에 샤를마뉴가 주도했던 것입니다.

이대로 변호사의 말이 끝나자마자, 흥분한 콘스탄티누스가 벌떡 일어났다.

콘스탄티누스   어허, 가만히 듣고 있자니 더 이상 참을 수가 없구료! 카롤링거 르네상스라는 것은 별게 아닌데, 왜 괜한 호들갑을 떠는 것이오? 프랑크족은 참다운 지적 창의성을 산출해 내지는 못했소. 카롤링거 르네상스의 업적은 초보적인 읽기를 성직자에게 가르치는 학교를 설립했다는 것, 그리고 로마의 주요 문학 작품을 베껴 쓰고 보존할 수도원 필사자들을 훈련시켰다는 것 정도요. 프랑크 왕국에서 로마의 학자와 문화적 전통에 비견될 만한 것이 있소?

콘스탄티누스가 발언을 마치고 흡족한 표정으로 자리에 앉자, 반대편에서 샤를마뉴가 일어나 말하기 시작했다.

샤를마뉴　　그 대답은 내가 하겠소. 로마의 찬란한 문화와 우리를 견주지는 마시오. 로마는 천 년을 지속하였고 우리는 고작 100년 남짓이오. 로마가 어디 첫 출발부터 위대한 문화를 남겼던가요? 각기 역사적 처지와 상황을 인정해 주시오. 나는 결코 로마를 깔보지 않았소. 위대한 로마의 전통을 계승하고 싶었을 따름이오. 보시오. 로마가 뿌린 씨앗을 우리가 잘 가꾸지 않았소?

다시 한 번 말하겠소. 로마 문화의 찬란함에 프랑크의 문화가 못 미침을 인정하오. 그러나 내가 왜 로마의 문화를 받아들이려 했는지만은 똑똑히 알아두시오. 당시 서로마 제국이 사라진 지가 300년이 넘었소. 진정으로 로마적인 것은 거의 남아 있지 않았단 말이오. 나는 사라진 로마 제국을 살려 냄으로써 사람들의 마음을 하나로 묶으려고 하였소. 오직 그 한 가지 의도였소. 로마가 인간의 마음에 끼치는 힘을 믿었기 때문이오.

이대로 변호사　　맞습니다! 피고 샤를마뉴는 그러한 방식으로 로마를 계승하면서, 또한 유럽 세계를 형성시켰던 것입니다. 로마가 세계를 지배했다고 하지만, 고대 로마가 말하는 세계는 지중해를 중심으로 한 세계였지요. 중세는 세계의 중심이 지중해에서 유럽 대륙으로 확대되어 유럽 문화가 태어난 시기였습니다.

김딴지 변호사　　무슨 소리입니까? 중세는 암흑의 시대였습니다. 근대에 일어난 르네상스 운동을 보십시오. 르네상스는 이른바 휴머니즘을 중심으로 하는 지적·문화적 운동이었고, 휴머니즘은 인간 중심으로 생각하고 행동한 그리스·로마 시대의 모든 것을 본받아 중세의 신 중심적 가치관과 문화를 극복하고, 보다 인간적이고 현실적인 문화를 창조하려는 이념이었지요. 그러므로 인문주의자들은 중세 천 년을 뛰어넘어 그리스와 로마의 역사를 되살리려 했습니다. 그들은 그리스·로마 문화에 최고의 가치를 부여했던 것이지요. 그들은 그리스와 로마의 고전을 발굴하여 연구하고, 고대의 사상·언어·인물·예술 등 모든 것을 배우고 본받았습니다.

이대로 변호사　　그것은 근거없는 현대인의 오만과 선입견입니다. 그것은 역사가 발전하는 것이라고 보는 서구 계몽주의의 세계관을 비판 없이 반영하는 태도입니다. 또한 인류가 이룩한 위대한 기술의 발전을 정신적 발전과 혼동한 데에서 오는 태도입니다.

김딴지 변호사　　중세는 그야말로 중간에 끼어 있는 그런 시대 아닙니까?

이대로 변호사　　　중세는 유물론과 자본주의적 사유로 물든 오늘날의 우리와는 다른 세계관을 지닌 시대였습니다. 지금 우리에게는 어리석게 보이지만, 자신들이 믿는 세계와 삶의 의미를 소중히 여기고, 신의 나라를 구현하기 위해 삶 전체를 바친 열정의 시대였지요.

김딴지 변호사　　　그렇다면 중세가 발전된 시대란 거요? 정 그렇게 중세가 좋다면 중세에 가서 살면 되겠네요. 흥!

이대로 변호사　　　오해하지 마십시오. 중세를 아름답게 보자고 주장하는 것이 아닙니다. 중세의 '다름'을 인정하자는 말이지요. 중세 사람은 자기를 둘러싼 세계에 대해 매우 제한적인 지식을 가지고 있었지만, 자신이 이해하는 한에서 헌신적인 삶을 살았습니다. 이런 의미에서 중세는 단순히 역사적 시기 구분이 아니라 다른 삶의 태도를 가리키는 표현이기도 합니다.

마지막으로 근대 르네상스 연구의 대가인 야콥 부르크하르트의 말을 인용함으로써 저의 변론을 마치려고 합니다.

"중세를 그리워하는 것이 아니라 중세를 이해하는 것이 중요한 일이다. 오늘날 우리 삶은 비즈니스이지만 중세 당시의 삶은 존재 그 자체였다."

즉, 지금 우리는 모든 일을 돈이나 개인의 명예를 위해서 하고 있지만, 중세 사람들은 영혼 구원을 위해 하느님의 사업에 적극적으로 동참하려고 애썼다는 것입니다.

판사   자, 중세관에 대한 이야기까지 나온 것을 보면 양측에서 할 이야기를 충분히 한 것 같군요. 시간이 다 되었으므로 재판을 이만 정리하는 것이 좋겠습니다. 오늘 재판에서는 샤를마뉴의 서로마 제국 황제 계승의 정당성 여부를 최종적으로 다루었습니다. 잠시 후에 원고와 피고의 최후 진술을 듣지요.

유럽이란 무엇인가?

유럽이란 말은 그리스인이 처음 썼습니다. 그러나 그리스인은 자신을 그리스인이라 생각할 뿐 유럽인으로 느끼지는 못했답니다. 이것은 로마인 또한 마찬가지였지요.

유럽이란 말이 자주 쓰이고, 유럽인이라는 정체성이 형성된 것은 8세기 무렵입니다. 732년에 이슬람교도는 피레네 산맥을 넘어 남프랑스를 침략하였습니다. 769년의 한 기록에는, 아랍의 침략자에 맞선 연합이 유럽인의 연합이라고 적혀 있지요.

아랍-이슬람교도와 구별되는 '유럽'은 샤를마뉴의 등장으로 더욱 자주 쓰였습니다. 그는 아랍인의 침략을 막아냈을 뿐만 아니라, 비이슬람 지역을 하나의 제국으로 통일했기 때문이지요. 서로마 황제로 취임하기 1년 전, 그는 '유럽의 아버지', '유럽의 존경할 만한 등불'로 불렸습니다. 샤를마뉴가 로마 교황청에 의해 황제로 대관된 후부터 유럽은 하나의 통일된 정치체제로 등장했습니다. 그 후 유럽은 아랍-이슬람과 비교되는 유럽-크리스트교 세계를 뜻하는 말이 되었습니다.

샤를마뉴 상(카롤루스 상). 1950년부터 '샤를마뉴 상'이 제정되어 유럽 전체의 단결에 공헌한 정치 지도자, 경제·문화계 공로자에게 수여되고 있습니다.

다알지 기자

안녕하세요. 역사공화국 세계사법정의 다알지 기자입니다. 오늘 마지막 재판에서는 이번 사건의 핵심이라 말할 수 있는 샤를마뉴의 서로마 제국 계승권의 정당성에 대해 자세히 살펴보았습니다. 피고 측은 샤를마뉴의 서로마 제국 황제 대관은 로마를 사칭한 것일 뿐이라고 주장했으며, 원고 측은 샤를마뉴의 서로마 제국은 로마의 영광을 재현한 것이라고 주장했습니다. 재판 내내 양측의 의견이 엇갈렸던 가운데, 마지막으로 양측 변호인을 모시고 소감을 들어 보도록 하지요.

이대로 변호사

샤를마뉴는 800년 크리스마스 때 교황 레오 3세로부터 크리스트교의 역사적 정통성의 본산인 성 베드로 성당에서 서로마 제국 황제로 대관했습니다. 이 사건은 과거 로마의 깃발 아래 안정과 번영을 누렸으나 혼란에 빠져 있던 유럽이 다시금 도약할 수 있는 전기를 마련한 사건이었습니다. 흐르는 물을 어떻게 잡을 수가 있겠습니까? 사라진 로마를 그대로 되살릴 수는 없는 법이지요. 그렇지만 로마라는 이름 아래 로마의 영광을 재현시킨 사람이 등장한 것입니다. 그가 바로 샤를마뉴입니다. 그로 인해 유럽 세계가 성립되었고 그리스·로마의 고전 문화가 보존되어 오늘날의 서양 문화를 유지할 수 있었습니다.

왜 게르만족은 서로마 제국을 멸망시켰을까?

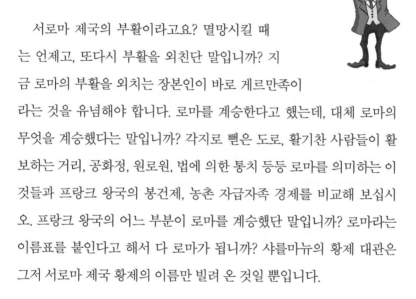

김딴지 변호사

  서로마 제국의 부활이라고요? 멸망시킬 때
는 언제고, 또다시 부활을 외친단 말입니까? 지
금 로마의 부활을 외치는 장본인이 바로 게르만족이
라는 것을 유념해야 합니다. 로마를 계승한다고 했는데, 대체 로마의
무엇을 계승했다는 말입니까? 각지로 뻗은 도로, 활기찬 사람들이 활
보하는 거리, 공화정, 원로원, 법에 의한 통치 등등 로마를 의미하는 이
것들과 프랑크 왕국의 봉건제, 농촌 자급자족 경제를 비교해 보십시
오. 프랑크 왕국의 어느 부분이 로마를 계승했단 말입니까? 로마라는
이름표를 붙인다고 해서 다 로마가 됩니까? 샤를마뉴의 황제 대관은
그저 서로마 제국 황제의 이름만 빌려 온 것일 뿐입니다.

야만족 게르만은
결코 로마를 계승할 수 없소
VS
꽃이 피면 시드는 법,
나는 진정한 로마의 계승자요

판사   이제 재판을 마무리할 때가 왔군요. 배심원단 역시 마음을 결정해야 할 시간이 되었습니다. 마지막으로 당사자의 발언을 들어 볼까요? 마지막 발언임을 염두에 두고, 양 당사자는 신중하게 말씀해 주시기 바랍니다. 그럼, 먼저 원고부터 말씀하세요.

콘스탄티누스   존경하는 판사님 그리고 배심원 여러분, 나는 참으로 비통한 심정으로 이 자리에 섰습니다. 굶주림에 빠진 게르만족을 먹여 주고 재워 준 게 누굽니까? 로마는 그들에게 정착을 허용한 것뿐만 아니라, 군대와 관직까지 베풀어 주었지요. 하지만 그들에게서 돌려받은 건 로마 제국의 멸망이었습니다. 나는 배은망덕한 게르만족을 결코 용서할 수 없습니다.

그나마 프랑크 왕국의 후계자 샤를마뉴가 정치적 수완을 발휘하여 혼란을 극복하고, 시민들을 사람답게 살 수 있도록 이끈 것은 다행이었습니다. 게다가 그리스와 로마의 문화를 보존하였다니 기특할 뿐입니다.

그런데! 그런데! 왜 하필 로마 제국 계승을 운운하나요? 누가! 언제! 로마의 계승권을 주었단 말입니까? 오늘날 곳곳에 남아 있는 로마 문화를 보세요. 이 지상에서 따라올 문화가 없지요. 어딜 감히 야만인들이 문화를 운운하나요?

존경하는 판사님 그리고 배심원 여러분, 이제 로마를 바로 세워 주십시오. 로마를 멸망시키고 로마 문화를 파괴시킨 저들의 야만을 만천하에 알리고, 위대한 로마법의 전통을 이어받아 정의를 세워 주셨으면 합니다. 위대한 로마 만세! 로마여 영원하라!

판사　원고, 여기는 선동하는 곳이 아니에요. 마지막까지 그러시는군요. 자, 자중하시고 이제 피고의 최후 진술을 듣도록 하겠습니다.

샤를마뉴　존경하는 판사님 그리고 배심원 여러분, 로마는 흥망성쇠를 겪었습니다. 멸망할 당시의 로마는 결코 우리가 본받을 만한 로마가 아닙니다. 위대한 로마 제국은 유럽, 아시아, 아프리카에 걸쳐 로마라는 이름 아래 민족 차별이 완화된 상태에서, 서로의 다름을 인정하며 서로의 문화를 존중하는 포용력이 있는 시대였습니다.

그런데 콘스탄티누스는 추하디추한 실체로서의 로마만을 고집하고 있습니다. 그러한 로마는 우월주의와 배타주의에 빠져, 과거에 사로잡힌 제국일 따름입니다. 내가 계승하고자 한 로마는 민족의 차이로 인해 서로 싸우지 않는 유럽이었습니다. 사람늘이 전쟁에 휩쓸

리지 않고 따스한 햇볕 아래 삶을 누릴 수 있는 그런 세상을 만들고 싶었습니다. 그래서 로마법을 수용하고 로마 문자를 받아들여, 읽고 쓸 줄 아는 학교를 만들었던 것입니다. 그런 점에서 나는 로마 문화의 옹호자인 동시에 계승자라고 생각합니다.

판사   네, 두 분의 최후 진술을 모두 들었습니다. 지금까지 재판을 함께해 주신 배심원 여러분들도 수고 많으셨습니다. 지금 이 법정에는 보이지 않는 배심원들이 있습니다. 이 재판을 지켜보시는 여러분들이 모두 배심원입니다. 여러분들의 생각을 종합한 후 4주 후에 의견서를 제출해 주시기 바랍니다. 그럼 4주 후에 판결을 내리도록 하겠습니다.

　땅, 땅, 땅!

역사공화국 세계사법정 재판 번호 17 콘스탄티누스 VS 샤를마뉴

주문

역사공화국 세계사법정은 콘스탄티누스가 샤를마뉴를 상대로 제기한 명예훼손에 의한 정신적 손해배상 청구를 기각한다.

판결 이유

콘스탄티누스는 샤를마뉴의 서로마 제국 계승을 인정할 수 없다고 했으나, 재판에 나온 증거와 증언, 변론을 종합해 보았을 때 콘스탄티누스의 주장처럼 샤를마뉴가 로마와 무관하다고 보기는 어렵다. 비록 로마 제국이 분리되었을지라도, 샤를마뉴는 로마의 영광을 계승하여 유럽 문화가 새롭게 피어나는 디딤돌을 만들었다고 볼 수 있다.

원고의 주장과 달리 샤를마뉴의 노력으로 약탈과 혼란으로 점철된 유럽이 안정을 찾았으며, 이후 서유럽 발전의 토대를 쌓을 수 있었다고 보여진다. 왜냐하면 라틴어가 사용되었고, 법 체계가 보존되었기 때문이다. 또한 서로마 제국의 대관도 교황의 의도가 충분히 작용했다고 판단되므로, 샤를마뉴가 로마와 콘스탄티누스의 명예를 훼손했다고 보기는 어렵다.

비록 본 법정에서 원고 콘스탄티누스의 고소를 기각하는 판결을 내렸으나, 로마 제국의 명예를 소중하게 여기는 콘스탄티누스의 충정도 이해가 가는 바이다. 후대에 끼친 영향을 고려해 볼 때 명예를 소중히 여기는 모습, 그리고 책임을 지는 지도자의 모습은 이 시대에 귀감이 된다는 것이 본 법정의 판단이다.

그러나 콘스탄티누스는 자기만의 시각에 빠져 로마인의 우월성에 집착하지는 않았는지 생각해 보고, 한 번쯤 다른 사람의 관점에서도 세계와 역사를 바라보았으면 한다. 결국 로마 제국의 이상이 무엇인지 다시 한 번 고민해 본다면, 원고의 이상과 피고의 이상은 생각보다 가깝다고 여겨진다.

역사공화국 세계사법정 담당 판사 명판결

"로마여 영원하라!
서로마-게르만-유럽연합으로"

　힘겨운 재판을 마치고 사무실 소파에 앉아 있는 김딴지 변호사. 재판에서 쓰였던 자료들이 책상 위에 엉망으로 놓여 있다. 김딴지 변호사는 녹초가 되어서 멍하니 창문 밖을 바라보고 있다. 을씨년스런 바람이 가로수를 때리자 낙엽이 하나둘씩 떨어진다.

　김딴지 변호사는 떨어지는 낙엽을 바라보며 긴 한숨을 쉬었다. 이제야 이대로 변호사와의 긴 설전이 끝났다는 것을 실감하는 중이었다. 이번 재판은 위대한 영웅들의 대립을 몸소 체험하면서, 그다지 중요하지 않다고 생각했던 역사가 얼마나 소중한 것인지를 새삼 깨닫게 해 준 재판이었다.

　인류 역사의 발전 과정에는 언제나 그 시대의 원동력이 되는 사상이 있었고, 때로는 그 시대를 주름잡는 중심 인물이 나타나 정치·경제·사회·문화 등 모든 분야의 발전에 큰 영향력을 미쳤다. 콘스탄티누스의 과감한 정치는 로마 제국을 천 년간이나 지탱시켰으며, 크리스트교를 세계적인 종교로 만들지 않았던가? 그가 지키려던 제국은 모든 사람들이 평화롭게 어울려 사는 사회였다. 도시 국가에서 시작한 로마가 세계 제국이 되기까지는 얼마나 큰 포용력이 필요했을까?

그런데 의문이 들었다. 왜 로마는 게르만족과 공생 관계를 지속하지 못했을까? 콘스탄티누스가 샤를마뉴를 고소한 것이 로마의 명예 회복 차원 때문이라면, 다른 민족의 명예는 어떻게 되는 것일까? 다른 사람을 인정하지 않고 자기만을 고집하는 옹고집쟁이들이 역사 속에서 얼마나 많은 분쟁과 갈등을 유발하였던가! 20세기 내내 앙숙이었던 독일과 프랑스, 폴란드 등이 지금 유럽연합이라는 한 지붕 아래 공생하는 모습은 그 옛날 아우구스투스 이래의 '로마의 평화'를 구현하는 것이 아니겠는가?

다시 한 번 이대로 변호사와 중세 시대를 두고 벌인 설전을 생각해 보았다. 지금까지 내 인생은 일상에 빠져 삶의 의미를 그다지 고민해 보지 않는 나날이 아니었던가? 김딴지 변호사는 영광의 순간만을 기억하고, 재판에서 이길 궁리만 하는 자신을 그려 보고는 혼잣말로 중얼거렸다.

"각 시대는 고유한 시대상이 있다. 과거의 영광을 좇는 것만이 능사가 아니다. 카르페디엠!"

한편으로 생각해 보면 명예가 무슨 소용이 있단 말인가? 아무리

명예가 중요하다지만 그 명예 때문에 서로 싸우는 현실을 어떻게 해야 한단 말인가? 대체 국가란 무엇이고, 민족이란 무엇인가? 그리고 국민의 생명과 재산과 복지를 책임지는 지도자의 역할은 또 얼마나 중요한가?

　김딴지 변호사는 지끈거리는 머리를 감싸 쥐었다. 복잡한 생각들이 머릿속에서 떠나질 않았다. 한참을 괴로워한 끝에 김딴지 변호사는 다음과 같이 결론을 내렸다.

　'비록 뚜렷한 답을 찾기 어렵다 해도, 이런 질문들을 포기하지 않고 던지며 사는 사회가 바로 사람답게 사는 사회가 아닐까?'

　　왜 게르만족은 서로마 제국을 멸망시켰을까?

카롤루스 대제 이후 발전한 도시, 쾰른

독일의 라인 강 근처에는 쾰른이라는 도시가 있어요. 고대 로마의 식민시였던 로마명 '콜로니아'에서 유래되어 쾰른이라는 이름이 붙여졌지요. 고대 로마의 식민시였던 이곳이 크게 발전하게 된 것은 카롤루스 대제 덕분이에요. 가톨릭에서 대주교가 관장하는 교구를 대교구라고 하는데, 795년 카롤루스 대제가 대교구를 이곳에 설치하였기 때문이지요. 이후 쾰른은 눈부시게 발전하기 시작해서 10~15세기에는 독일 최대의 도시로 성장하게 된답니다.

이렇게 역사가 깊은 도시인 만큼 쾰른에는 오래된 건축물이 많아요. 그중에서도 가장 손꼽히는 것이 바로 쾰른 대성당이지요. 1248년에 시작해서 1880년에 완공된 쾰른 대성당은 1996년에 유네스코 지정 세계 문화유산으로 등록될 정도로 아름답고 의미가 있는 건물이랍니다. 원래 쾰른 대성당이 있던 자리에는 카롤루스 대제의 왕조인 카롤링거 왕조 시대에 건축된 작은 교회가 있었어요. 그런데 이 건물이 불에 타 없어지면서 지은 것이 바로 지금의 쾰른 대성당이지요. 뾰족하게 솟은 두 개의 첨탑이 인상적이며, 예수의 탄생을 축하하기 위해 먼 길을 여행한 동방박사들의 유해가 간직된 성유물함이 유명하답니다. 또한 화려한 스테인드글라스도 훌륭한 볼거리를 제공하지요.

1411년 쾰른의 모습

    또한 쾰른은 프랑스의 파리, 네덜란드의 암스테르담, 벨기에의 브뤼셀 등을 유럽 주요 도시를 잇는 교통의 요충지이기도 해요. 때문에 많은 관광객들이 찾는 것은 물론, 경제 문화의 중심을 이루고 있는 도시이기도 하지요.

찾아가기 독일 노르트라인베스트팔렌주

쾰른 대성당 스테인드글라스

『역사공화국 세계사법정 17 왜 게르만족은 서로마 제국을 멸망시켰을까?』와 관련한 논술 문제를 풀어 봅시다.

※ 다음 제시문을 읽고 물음에 답하시오.

(가) 742년 카롤루스 대제는 피핀과 베르트라 왕비 사이의 장남으로 태어났어요. 768년 카롤루스 대제는 아버지의 뒤를 이어 새로운 프랑크의 왕이 되었지요. 당시 프랑크족은 '분할 상속'이라는 전통이 있어 동생 카를로망과 왕국을 둘로 나누어 가졌어요. 그러나 2년 뒤 카를로망이 죽자 카롤루스 대제는 프랑크 왕국 전체를 지배하게 된답니다. 왕이 된 카롤루스 대제는 여러 전쟁과 전투를 치루고, 나라의 영토를 두 배로 늘려 놓았지요.

(나)

1. (가)는 카롤루스 대제가 살았던 800년대 당시의 이야기이고, (나)는
   당시 지도예요. (가)와 (나)를 보고, 당시 상황을 짐작해서 쓰세요.

※ 다음 제시문을 읽고 물음에 답하시오.

(가) 돌과 나무와 하늘의 새들이 나의 무
     기가 될지어다.
(나) 질문할 줄 아는 것조차도 이미 학문
     이다.

프랑스 파리에 있는 카롤루스
대제의 농상

2. (가)~(나)는 카롤루스 대제가 남긴 명언입니다. (가)~(나)를 통해 알
수 있는 그의 성격에 대해 각각 서술하여 보세요.

해답 1 카롤루스 대제는 33년 동안 계속된 작센 전쟁을 비롯해 크고 작은 전쟁을 계속했어요. 그 결과 나라의 영토를 크게 넓힐 수 있었지요. 영국, 이베리아 반도, 이탈리아 남부를 제외한 서유럽 전부가 그의 지배 아래에 놓이게 되었답니다. 이러한 성과 속에 카롤루스 대제는 서로마 황제가 될 수 있었고 문화와 학문의 발전에도 힘을 쏟을 수 있었지요.

해답 2 (가)의 명언을 통해 카롤루스 대제는 전쟁에 대해 자신감이 넘치는 인물이었음을 짐작할 수 있어요. 오랜 기간 아주 많은 전쟁을 했던 카롤루스 대제는 돌과 나무와 하늘의 새들이 자신의 무기가 될 것이라고 말하는 자신감을 보였지요. (나)의 명언을 바탕으로 카롤루스 대제는 문화에 관심이 많았던 것을 알 수 있어요. 그는 학자들에게 좋은 대우를 해 주었고, 본인 스스로도 학자들에게 가르침을 구했지요. 궁전 안에 학교를 세우기도 했던 카롤루스 대제는 교육과 문화를 중요시 여겼답니다.

* 해답은 예시로 제시된 내용입니다.

역사공화국 세계사법정 17

왜 게르만족은 서로마 제국을 멸망시켰을까?

© 최재호, 2010

초 판 1쇄 발행일 2010년 12월 27일
개정판 1쇄 발행일 2015년 2월 23일
     3쇄 발행일 2020년 6월 3일

지은이   최재호
그린이   안희숙
펴낸이   정은영

펴낸곳   (주)자음과모음
출판등록 2001년 11월 28일 제2001-000259호
주소   04047 서울시 마포구 양화로6길 49
전화   편집부 (02) 324-2347 경영지원부 (02) 325-6047
팩스   편집부 (02) 324-2348 경영지원부 (02) 2648-1311
이메일   jamoteen@jamobook.com

ISBN 978-89-544-2417-2 (44900)

철학자가 들려주는 철학 이야기 (전 100권)

아이들의 눈높이에 맞춘 철학 동화!
책 읽는 재미와 철학 공부를 자연스럽게 연결한 놀라운 구성!

대부분의 독자들이 어렵게 느끼는 철학을 동화 형식을 이용해 읽기 쉽게 접근한 책이다. 우리의 삶과 세상, 인간관계에 대해 어려서부터 진지하게 느끼고 고민할 수 있도록, 해당 철학 사조와 철학자들의 사상을 최대한 풀어 썼다.

이 시리즈의 가장 큰 장점은 내용과 형식의 조화로, 아이들이 흔히 겪을 수 있는 일상사를 철학 이론으로 해석하고 재미있는 이야기로 담은 것이다. 또한 아이들의 눈높이에 맞는 쉽고 명쾌한 해설인 '철학 돋보기'를 덧붙였으며, 각 권마다 줄거리나 철학자의 사상을 상징적으로 표현한 삽화로 읽는 재미를 더한다. 철학 동화를 이끌어가는 주인공을 형상화하고 내용의 포인트를 상징적으로 표현한 삽화는 아이들의 눈을 즐겁게 만들어준다. 무엇보다 이 시리즈는 철학이 우리 생활 한가운데 들어와 있고, 일상이 곧 철학이라는 사실을 잘 보여준다. 무엇보다 자기 자신을 극복한다는 것, 인간을 사랑한다는 것, 진정한 인간이 된다는 것, 현실과 자기 자신을 긍정한다는 것 등의 의미를 아이들의 시선에서 풀어내고 있다.

과학자가 들려주는 과학 이야기 (전 130권)

위대한 과학자들이 한국에 착륙했다!
어려운 이론이 쏙쏙 이해되는 신기한 과학수업,
〈과학자가 들려주는 과학 이야기〉 개정판과 신간 출시!

〈과학자가 들려주는 과학 이야기〉 시리즈는 어렵게만 느껴졌던 위대한 과학 이론을 최고의 과학자를 통해 쉽게 배울 수 있도록 했다. 또한 지적 호기심을 자극하는 흥미로운 실험과 이를 설명하는 이론들을 초등학교, 중학교 학생들의 눈높이에 맞춰 알기 쉽게 설명한 과학 이야기책이다.
특히 추가로 구성한 101~130권에는 청소년들이 좋아하는 동물 행동, 공룡, 식물, 인체 이야기와 최신 이론인 나노 기술, 뇌 과학 이야기 등을 넣어 교육 과정에서 배우고 있는 과학 분야뿐 아니라 최근의 과학 이론에 이르기까지 두루 배울 수 있도록 구성되어 있다.

★ 개정신판 이런 점이 달라졌다! ★

첫째, 기존의 책을 다시 한 번 재정리하여 독자들이 더 쉽게 이해할 수 있게 만들었다.
둘째, 각 수업마다 '만화로 본문 보기'를 두어 각 수업에서 배운 내용을 한 번 더 쉽게 정리하였다.
셋째, 꼭 알아야 할 어려운 용어는 '과학자의 비밀노트'에서 보충 설명하여 독자들의 이해를 도왔다.
넷째, '과학자 소개 · 과학 연대표 · 체크, 핵심과학 · 이슈, 현대 과학 · 찾아보기'로 구성된 부록을 제공하여 본문 주제와 관련한 다양한 지식을 습득할 수 있도록 하였다.
다섯째, 더욱 세련된 디자인과 일러스트로 독자들이 읽기 편하도록 만들었다.